MARCO ⊕ POLO

SPANISH

with Local Tips

→ permaculture,
wood work

Quinta dos sete (7) nomes
near Colares, which is 10km
from Sintra

CONTENTS

CONTENTS

Cover photo: IFA Bilderteam / Förster, Munich
p. 68, 69: Ali Mitgutsch "Let's go to the Sea", "All around my town"
© Ravensburger Buchverlag Otto Maier GmbH

1st English edition 1996 © Mairs Geographischer Verlag, Ostfildern Germany
© based on PONS Reisewörterbuch Französisch
Copyright Ernst Klett Verlag für Wissen und Bildung GmbH, Stuttgart 1992
revised by Carlos Segoviano
Editorial: Ernst Klett Verlag für Wissen und Bildung, Stuttgart;
Mairs Geographischer Verlag, Ostfildern; Barbara Pflüger, Stuttgart
Cover design: Thienhaus / Wippermann, Hamburg
Printed in Italy

Pronunciation

● Vowels should be pronounced as follows:
"a" as in "map", "e" as in "metal", "i" as in "marine",
"o" as in "mop", "u" sounds like "oo" as in "moon"

Consonants

b,v	these two letters sound more or less the same in Spanish. The sound lies somewhere between the English "b" and "v"	buen vino nuevo
c	as in "cap" except when it comes before an "e" or an "i", in which case it is pronounced like the "th" in "thief" (except in South America and southern Spain. See page 12)	creo; casa cura cenicero gracias
ch	as in "church"	muchacho
d,t	as in "dog" and "town" at the end of a word has a softer sound, somewhere between "d" and "th"	día; toro ciudad
g	as in "good", except when it comes before an "e" or an "i", in which case it is pronounced like the "ch" in "Loch Ness"	guardia gorra gitano, gente
gue, gui	gue/gui when there is a "u" between the "g" and "e" or "g" and "i" the sound is hard again, but the "u" is silent as in "guest" and "guitar"	seguir guitarra
h	is not pronounced	hora
j	sounds like "ch" as in "Loch Ness"	jardín naranja
ll	is pronounced like a "y" preceded by a short "l" ; it sounds like the "li" in "pavilion"	yo llevo guerrilla
ñ	is pronounced like an "n" followed by a "y"; it sounds like the "ni" in "union"	niño

4

que, qui	is the same sound as "c" above, so the word "qui" is pronounced like "key"	porque quiero
rr	is a strongly rolled "r"	perro
r	is a strongly rolled "r" if it occurs at the beginning and end of a word and before or after a consonant	rosa dolor muerte
r	is lightly rolled when it comes between two vowels	caro pera
s	as in "sausage"	casa; sala
z	sounds like "th" as in "thief" (see page 12)	Zaragoza jerez

Stress and accents

- With words which end in a *vowel*, *"n"* or *"s"*, the stress falls on the **penultimate syllable.** e.g. mesa, Carmen
  This rule does not apply when there is an accent which indicates which syllable should be stressed. e.g. café, después.

- With words which end in a *consonant* (except "n" or "s"), the stress falls on the **last syllable.** e.g. cantar, doctor
  Again, the rule does not apply when there is an accent which indicates where the stress should fall. e.g. fácil, huésped.

- If the stress falls on the **third to last syllable,** this is always indicated by an accent. e.g. música, médico, artístico.

- **Interrogatives and exclamations** always have an accent. e.g. quién, cómo, qué bonito.

- **Some one syllable words** have an accent in order to differentiate them from words which are spelt the same, but have a different meaning. e.g. mí; tú; él; sí; sé; más.

- **í** and **ú** are used to separate double vowels. e.g. día, púa, país.

Masculine or feminine?

As a general rule, nouns which end in the letter **-o** are masculine (**el** amig**o** – *friend*) and nouns ending in **-a** are feminine (**la** señor**a** – *lady*). There are a few exceptions to this rule (**el** cur**a** – *priest*) and these are indicated.

The Spanish Alphabet

Apply the rules on pp. 4–5 to the pronunciation guides in brackets and you should be able to say the alphabet

A	a	[a]	J	j	[jota]	R	r	[erre]
B	b	[be]	K	k	[ka]	S	s	[ese]
C	c	[ce]	L	l	[ele]	T	t	[te]
CH	ch	[ch]	LL	ll	[elle]	U	u	[u]
D	d	[de]	M	m	[eme]	V	v	[uve]
E	e	[e]	N	n	[ene]	W	w	[uve doble]
F	f	[efe]	Ñ	ñ	[eñe]	X	x	[equis]
G	g	[ge]	O	o	[o]	Y	y	[i griega]
H	h	[hache]	P	p	[pe]	Z	z	[ceta]
I	i	[i]	Q	q	[qu]			

Abbreviations

adj	adjective	adjetivo
adv	adverb	adverbio
alg	someone	alguien
Am	Latin americanism	latinoamericanismo
Arg	Argentine	argentino
f	feminine	femenino
m	masculine	masculino
pl	plural	plural
sing	singular	singular
v	verb	verbo

Making friends

Yes.	Sí.
No.	No.
Please.	Por favor.
Thank you.	Gracias.
You're welcome.	De nada.
Pardon?	¿Cómo dice?
Of course.	Desde luego.
Agreed!	¡De acuerdo!
OK!	¡Está bien!
Excuse me.	¡Perdón!
Just a minute, please.	Un momento, por favor.
I'd like ...	Quisiera ..., Me gustaría ...
Is there ...?/Are there ...?	¿Hay ...?
Help!	¡Ayuda!, ¡Socorro!

Who?	¿Quién?
What?	¿Qué?
Which?	¿Quién?/¿Qué?
Who ... to?	¿A quién?
How much?	¿Cuánto?
How many?	¿Cuántos?
How?	¿Cómo?
Why?	¿Por qué?
What . . . for?	¿Para qué?
Where?	¿Dónde?
Where ... from?	¿De dónde?
Where ... to?	¿Adónde?
When?	¿A qué hora?
How long?	¿Cuánto tiempo?

GREETINGS

GOOD MORNING!	¡BUENOS DÍAS!
Good morning!	¡Buenos días!
Good afternoon.	¡Buenas tardes!
Good evening!	¡Buenas noches!
Hello/Hi!	¡Hola! ¿Qué tal?
What's your name?	¿Cómo se llama usted, por favor?/ ¿Cómo te llamas?

MY NAME'S ...	ME LLAMO ...
Pleased to meet you.	(Tengo) Mucho gusto en conocerle.
May I introduce you? This is . . .	Le/Te presento ...
Mrs X.	a la señora X.
Miss X.	a la señorita X.
Mr X.	al señor X.
How are you?	¿Qué tal está usted?/ ¿Qué tal?
Fine thanks. And you?	Bien, gracias. ¿Y usted/tú?
Where are you from?	¿De dónde es usted/eres?
I'm from ...	Soy de ...
Are you on your own?	¿Está usted solo/sola?/ ¿Estás solo/sola?
How old are you?	¿Qué edad tiene usted/tienes?
I'm thirty-nine.	Tengo treinta y nueve años.

YES, PLEASE | SÍ, POR FAVOR

Could you do me a favour?	¿Puedo pedirle un favor?
May I?	¿Permite?
Can you help me, please?	¿Puede usted ayudarme, por favor?

THANK YOU | GRACIAS

Thank you very much.	Muchas gracias.
Thanks. I'd be delighted.	Gracias, con mucho gusto.
No, thank you.	No, muchas gracias.
Thank you. The same to you.	Gracias, igualmente.
That's very kind of you, thank you.	Gracias, es muy amable de su parte.
With pleasure.	Con (mucho) gusto.
Thank you very much for your help/trouble.	Muchas gracias por su ayuda/interés.
Don't mention it.	De nada.
You're welcome.	No hay de qué.

I'M SORRY! | ¡PERDÓN!

I'm so sorry!	Lo siento mucho.
What a pity!	¡Qué pena!

PARDON? | ¿CÓMO DICE/DICES?

I don't understand. Would you repeat that, please?	No le/la/te entiendo. ¿Puede/Puedes repetir, por favor?
Would you speak a little more slowly, please?	Por favor, hable/habla un poco más despacio.
I understand.	Entiendo.
I only speak a bit of ...	Hablo sólo un poco de ...
Would you write it down for me, please?	Escríbamelo/Escríbemelo, por favor.

Have you got any plans for tomorrow?	¿Tiene usted algún plan para mañana? Tienes algún plan para mañana?
Shall we go together?	¿Vamos juntos?
When shall we meet?	¿A qué hora nos encontramos?
Are you married?	¿Está usted casado/casada?
Have you got a boyfriend/a girlfriend?	¿Tienes novio/novia?
I've been looking forward to seeing you all day.	Le/Te he esperado con ansia todo el día.
You've got beautiful eyes!	Tienes unos ojos bellísimos.
I love you!	¡Te quiero!
I have fallen in love with you.	Me he enamorado de ti.
Me too, with you.	Yo también de ti.
I'm sorry, but I'm not in love with you.	Lo siento, pero yo no estoy enamorado/-a de ti.
Your place or mine?	¿Vamos a tu casa o a la mía?
I would like to sleep with you.	Quiero dormir contigo.
I don't feel like it.	No tengo ganas.

Brilliant!

You can express your joy, enthusiasm or liking for something/someone with the following expressions:

¡espléndido/estupendo/fenomenal/sensacional!	great!
¡Es bárbaro/guay!	that's brilliant/fantastic!
¡Qué mono/gracioso/cuco!	how cute/that's really lovely/nice!
¡Me gusta/gustas con delirio!	I'm crazy about it/you/him/her!
¡Esta chica es una pasada!	That girl is really something!
¡Es un tío estupendo!	He's a great bloke/guy!
Es muy simpático,-a.	He/she's really nice
Eres muy majo,-a.	You're really nice

To get a pumpkin?!

If you give the person you're speaking to a pumpkin, then you're not being overly nice to them, because *"dar calabazas a alguien"* means *"to snub/offend someone"*.

I don't want to.	No quiero.
Stop at once!/That's enough!	¡Basta ya!
Only with a condom.	Pero sólo con condón.
Do you have a condom?	¿Tienes condones?
Can I take you home?	¿Puedo acompañarla/acompañarle/ acompañarte a casa?
Please leave now!	¡Por favor, vete ahora!
Please leave me alone!	¡Por favor, déjeme en paz!
Go away/Get lost!	¡Lárgate!

GOODBYE/BYE-BYE!	¡HASTA LA VISTA!/¡ADIÓS!
See you soon!	¡Hasta pronto!
See you later!	¡Hasta luego!
See you tomorrow!	¡Hasta mañana!
Good night!	¡Buenas noches!
Cheerio!	¡Adiós!/¡Hasta luego!
All the best!	¡Que le/te vaya bien!
Have a good journey.	¡Buen viaje!

CONGRATULATIONS!	¡MI MÁS CORDIAL FELICITACIÓN!/ ¡ENHORABUENA!
All the best!	¡Que le/te vaya bien!
Happy birthday/Saint's day!	¡Muchas felicidades en el día de su/tu cumpleaños/santo!
Good luck!	¡Mucho éxito!/ ¡Mucha suerte!
Get well soon!	¡Que se mejore!/¡Que te mejores!
Have a nice holiday!	¡Felices fiestas!

"Enhorabuena" is how you congratulate someone who has just achieved something great: passed an exam, or had a baby etc. When it's someone's Saint's day or birthday, use *"Felicitaciones"* to express your good wishes.

WHERE IS ...?

Excuse me, where's ..., please?	Perdón, señora/señorita/señor, ¿dónde está ...?
Could you tell me how to get to ..., please?	¿Podría decirme cómo se va a ...?
I'm sorry, I don't know.	Lo siento, pero no lo sé.
Which is the quickest way to ... ?	¿Cuál es el camino más corto para ir a ...?
How far is it to ... ?	¿Cuánto se tarda en llegar a ...?
It's a long way. (It's not far.)	(No) está lejos.
Go straight on.	Todo seguido (*Am* derecho).
Turn left/right.	Doble a la izquierda/derecha.
The first/second street on the left/right.	La primera/segunda calle a la izquierda/a la derecha.
Cross ...	Atraviese ...
the bridge.	el puente.
the square.	la plaza.
the street.	la calle.
Then ask again.	Luego pregunte usted otra vez.
You can't miss it.	No es posible equivocarse.
You can take ...	Puede usted tomar ...
the bus.	el autobús.
the tram.	el tranvía.
the tube (the underground, *US* subway).	el metro.

Castilian or Latin American?

There are a few differences between the Spanish spoken in Spain *(Castilian)* and the Spanish used in Latin America. To help you make yourself understood in South America, common expressions used are indicated by *(Am)*.

Pronunciation doesn't just differ between Spain and Latin America; there are also marked regional differences. The main one to be aware of is the pronunciation of *"c"* before *"e"* and *"i"*, and of *"z"* (see page 4). In South America and Southern Spain, the *"th"* sound is pronounced like an *"s"*.

THE TIME

TIME	LA HORA

What time is it? — ¿Qué hora es?

It's (exactly/about) ... — Son (exactamente/aproximadamente) ...

- three o'clock. — las tres.
- five past three. — las tres y cinco.
- ten past three. — las tres y diez.
- quarter past three. — las tres y cuarto.
- half past three. — las tres y media.
- quarter to four. — las cuatro menos cuarto.
- five to four. — las cuatro menos cinco.
- noon/ midnight. — las doce del mediodía/ de medianoche.

What time?/When? — ¿A qué hora?/¿Cuándo?

At one o'clock. — A la una.
At about four o'clock. — Alrededor de las cuatro.
In an hour's time — Dentro de una hora.
Not before nine a.m. — No antes de las nueve de la mañana.
After eight p.m. — Después de las ocho de la tarde.
Between three and four. — Entre las tres y las cuatro.

How long? — ¿Cuánto tiempo?

For two hours. — (Durante) dos horas.
From ten to eleven. — Desde las diez hasta las once.
Till five o'clock. — Hasta las cinco.

Since when? — ¿Desde cuándo?

Since eight a.m. — Desde las ocho de la mañana.
For half an hour. — Desde hace media hora.

OTHER EXPRESSIONS OF TIME	OTRAS INDICACIONES DE TIEMPO

about noon/lunchtime ... — hacia mediodía
at lunchtime .... — a mediodía
at night .... — por la noche
at the weekend .... — el fin de semana

during the morning	por la mañana
every day	todos los días, cada día
every day, daily	a diario, todos los días
every half hour	cada media hora
every hour, hourly	cada hora
every other day	cada dos días
from time to time	de vez en cuando
in a fortnight's time	dentro de quince días
in the afternoon/early evening	por la tarde
in the morning	por la mañana
last Monday	el lunes pasado
next year	el año que viene
now	ahora
on Sunday	el domingo
recently	hace poco (*Am* recién)
sometimes	a veces, algunas veces
soon	pronto
ten minutes ago	hace diez minutos
the day after tomorrow	pasado mañana
the day before yesterday	anteayer
this week	esta semana
today	hoy
tomorrow	mañana
within a week	en una semana
yesterday	ayer

THE DATE — LA FECHA

What's the date (today)?	¿Qué día es hoy?/¿A cuántos estamos?
Today's the first of May.	Hoy es el primero/uno de mayo.

> The date is always given in cardinal numbers:
> *"el tres de julio"* - *"the third of July"* [literally – *"the three of July"*]. The only exception is with the first of the month when the ordinal number *"primero"* is used: *"el primero de agosto"* – *"the first of August"*.

DAYS OF THE WEEK — LOS DÍAS DE LA SEMANA

Monday	el lunes
Tuesday	el martes
Wednesday	el miércoles
Thursday	el jueves
Friday	el viernes
Saturday	sábado
Sunday	domingo

MONTHS / LOS MESES

January	enero	July	julio
February	febrero	August	agosto
March	marzo	September	septiembre
April	abril	October	octubre
May	mayo	November	noviembre
June	junio	December	diciembre

SEASONS / LAS ESTACIONES DEL AÑO

spring	primavera	autumn (*US* fall)	otoño
summer	verano	winter	invierno

HOLIDAYS / LOS DÍAS DE FIESTA/FESTIVOS

New Year's Day	Añonuevo
Epiphany (January 6th)	los Reyes Magos, Epifanía
Carnival	el Carnaval
Ash Wednesday	el miércoles de ceniza
March 19th (St. Josef)	San José
Maundy Thursday	el Jueves Santo
Good Friday	el Viernes Santo
Easter	Pascua (de Resurrección)
Easter Monday	el Lunes de Pascua
May 1st	el Día del trabajo
Ascension Day	La Ascensión
Whitsun	Pentecostés
Corpus Christi	el Corpus (Christi)
June 24th	San Juan
Assumption	La Asunción
Columbus Day (October 12th)	el Día de la Hispanidad
All Saints' Day (November 1st)	Todos los Santos
All Souls' Day (November 2nd)	el Día de los Difuntos
December 6th	el Día de la Constitución
December 8th	la Inmaculada (*Am* el día de la Virgen)
Christmas Eve	Nochebuena
Christmas	Navidad
New Year's Eve	Añoviejo

> On 6th January, los *Reyes Magos, the Three Wise Men* (or literally: *"Magician Kings"*), bring lots of gifts to the Spaniards.

WEATHER

What's the weather going to be like today?	¿Qué tiempo tendremos hoy?
It's going to stay fine.	Seguirá el buen tiempo.
It's going to rain/snow.	Va a llover/nevar.
It's cold/hot/close.	Hace frío/calor/bochorno.
What's the temperature today?	¿Qué temperatura hace hoy?
It's twenty degrees Centigrade.	Hace veinte grados (centígrados).

air	el aire
anticyclone	el anticiclón
black ice	la superficie helada
changeable	inestable
climate	el clima
cloud	la nube
cloudy	nublado
cold	frío
depression	el ciclón
drought	sequía
flooding, floods	la inundación
fog	niebla
frost	helada
heat	el calor
high tide	marea alta
hot	cálido, caluroso
humid	bochornoso
lightning	rayo
low tide	marea baja
powder snow	la nieve polvo
rain	lluvia
rainy	lluvioso
snow	la nieve
starry	estrellado
sun	el sol
sunny	soleado
temperature	temperatura
thunder	trueno
thunderstorm	tormenta
warm	caliente, cálido
weather forecast	la predicción del tiempo
weather report	el boletín meteorológico
wet	húmedo
wind	viento

How far is it?

... BY CAR/MOTORBIKE/BIKE

EXCUSE ME, HOW DO I GET TO ...?	PERDÓN, ¿CÓMO SE VA A ...?
How far is it?	¿A qué distancia está?
Excuse me, is this the road to ...?	Perdón, señora/señorita/señor, ¿es ésta la carretera de ...?
How do I get to the ... motorway?	¿Cómo se va a la autopista de ...?
Straight on until you get to ...	Todo seguido (*Am* derecho) hasta ...
Then turn left/right.	Luego doble a la izquierda/derecha.

FILL HER UP, PLEASE.	LLENO, POR FAVOR.
Where's the nearest petrol station, please?	¿Dónde está la estación de servicio más cercana, por favor?
I'd like ...litres of ... three-star. four-star. diesel. ... unleaded. ... leaded.	Quisiera ... litros de ... gasolina normal. súper. diesel. ... sin plomo. ... con plomo.
Would you please check ... the oil. the tyre pressure.	¿Quiere comprobar ... el nivel del aceite? la presión de las ruedas?
Would you also check the water, please.	Controle también el agua del radiador, por favor.
Could you change the oil, please?	¿Puede cambiarme el aceite?

PARKING | EL APARCAMIENTO

Is there a car-park near here?	Perdón, señora/señorita/señor, ¿hay algún sitio para aparcar por aquí cerca?
Can I park my car here?	¿Puedo dejar el coche aquí?

MY CAR'S BROKEN DOWN | TENGO UNA AVERÍA

I've got a flat tyre (US a flat).	Tengo una rueda pinchada.
Would you send a break-down truck, please?	¿Pueden ustedes enviarme un coche-grúa?
Could you lend me some petrol (US gas), please?	¿Podría usted darme un poco de gasolina, por favor?
Could you help me change the tyre, please?	¿Podría usted ayudarme a cambiar la rueda?
Could you tow me to the nearest garage, please?	¿Puede usted remolcarme hasta el taller más próximo?

IS THERE A GARAGE NEAR HERE? | PERDÓN, SEÑOR/SEÑORA/SEÑORITA, ¿HAY ALGÚN TALLER POR AQUÍ CERCA?

My car won't start.	Mi coche no arranca.
The battery is flat	La pila está agotada.
There's something wrong with the engine.	El motor no funciona bien.
The brakes don't work.	Los frenos no funcionan bien.
... is/are faulty.	... está/están estropeado/s.
I'm losing oil.	El coche pierde aceite.
Could you have a look?	¿Puede usted mirar, por favor?
Change the spark-plugs, please.	Cambie las bujías, por favor.
Just carry out the essential repairs, please.	Haga sólo las reparaciones estricta-mente necesarias.
When will the car be ready?	¿Cuándo estará arreglado el coche?
How much will it be?	¿Cuánto costará?

THERE'S BEEN AN ACCIDENT | HA HABIDO UN ACCIDENTE

Please call ... immediately.
    an ambulance
    the police
    the fire-brigade
	Llame enseguida ...
	    una ambulancia.
	    a la policía.
	    a los bomberos.

Have you got a first-aid kit?	¿Tiene usted botiquín de urgencia?
It was my/your fault.	Ha sido por mi culpa./ Ha sido por su culpa.
Shall we call the police, or can we settle things ourselves?	¿Llamamos a la policía o lo arreglamos entre nosotros?
I'd like my insurance company to take care of the damage.	Mi seguro se encargará de los daños.

Please give me ...
    ... your name and address.
    ... particulars of your insurance.
	¿Puede usted darme ...
	    ... su nombre y dirección?
	
	    ... el nombre y dirección de su compañía de seguros?

Thank you very much for your help.	Muchas gracias por su ayuda.

CAR/MOTORBIKE/BICYCLE HIRE | ALQUILER DE AUTOMÓVILES/MOTOS/BICICLETAS

I'd like to hire ...
for ... days / for a week.
    a car
    a motorbike
    a moped
    a scooter
    a bike
	Quisiera alquilar
	por ... días / por una semana ...
	    un coche.
	    una moto.
	    un ciclomotor.
	    un motoscooter.
	    una bicicleta.

How much does it cost per day / per week?	¿Qué tarifa se paga por un día / por una semana?
What do you charge per mile?	¿Cuánto se paga por cada kilómetro de recorrido?
Does the vehicle have comprehensive insurance?	¿Está el vehículo asegurado a todo riesgo?
Is it possible to leave the car in ...?	¿Es posible entregar el coche/la moto en ...?

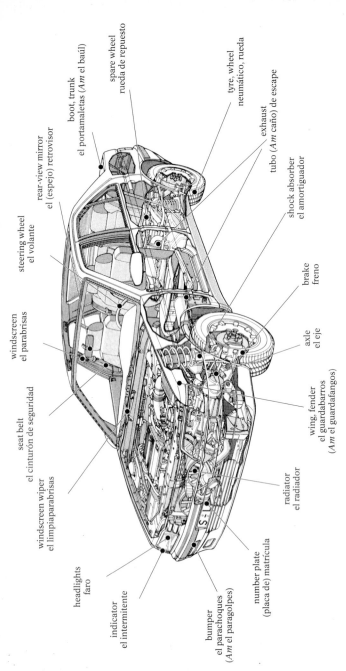

spare wheel
rueda de repuesto

boot, trunk (Am el baúl)
el portamaletas

rear-view mirror
el (espejo) retrovisor

steering wheel
el volante

tyre, wheel
neumático, rueda

exhaust
tubo (Am caño) de escape

shock absorber
el amortiguador

brake
freno

axle
el eje

wing, fender
el guardabarros
(Am el guardafangos)

radiator
el radiador

number plate
(placa de) matrícula

bumper
el parachoques
(Am el paragolpes)

indicator
el intermitente

headlights
faro

windscreen wiper
el limpiaparabrisas

seat belt
el cinturón de seguridad

windscreen
el parabrisas

20

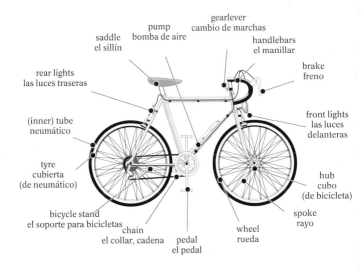

saddle — el sillín
pump — bomba de aire
gearlever — cambio de marchas
handlebars — el manillar
brake — freno
rear lights — las luces traseras
(inner) tube — neumático
front lights — las luces delanteras
tyre — cubierta (de neumático)
hub — cubo (de bicicleta)
bicycle stand — el soporte para bicicletas
spoke — rayo
chain — el collar, cadena
pedal — el pedal
wheel — rueda

accelerator	el pedal del gas
automatic (transmission) .	cambio automático
backfire	encendido defectuoso
bell	el timbre
bend	curva
bicycle, bike	bicicleta
bonnet (*US* hood)	el capó, capota
brake lights	las luces de frenado
brake lining	ferodo
breakdown	avería
breakdown service	servicio de ayuda al automovilista
breakdown vehicle	grúa, el coche-grúa
broken	roto
cable	el cable
car body	carrocería
car park	aparcamiento (*Am* parqueadero)
car wash	lavado del coche
carburettor	el carburador
carrier	mozo
clutch	el embrague
cooling water	(el) agua del radiador
country road	carretera
crash helmet	casco
crossroads	el cruce
dipped headlights	la luz de cruce

diversion	la desviación
driving-licence	permiso/el carnet de conducir
dynamo	la dínamo
emergency telephone	el poste de socorro
fan belt	correa trapezoidal (*Am* correa en V)
fault	avería, defecto
filling station	gasolinera, la estación de servicio
fine	multa
flat tyre (*US* flat)	pinchazo, el reventón
footbrake	freno de pie
full-beam	la luz de carretera
fully comprehensive insurance	seguro a todo riesgo
fuse	el fusible
garage	el taller
gas station	gasolinera, la estación de servicio
gear lever	palanca de cambio
gear	marcha, la velocidad
gearbox	caja de cambio
gearlever	cambio de marchas
green card	carta verde (del seguro)
handbrake	freno de mano
hazard warning light	el sistema de alarma intermitente
heating	la calefacción
horn	bocina, el claxon
hp (horsepower)	CV (caballos de vapor)
ignition	encendido (*Am* la ignición)
ignition key	la llave de encendido
ignition switch	cerradura de contacto
jack	gato, el alzacoches
jump lead	el cable de ayuda para el arranque
junction	el cruce
lane	pista
oilskins	chubasquero
lorry (*US* truck)	el camión
motor, engine	el motor
motorbike	la moto(cicleta)
motorway	autopista
mudguard	el guardabarros (*Am* el guardafangos)
multi-storey car park	el garaje de varios pisos
octane number	número de octanos, el octanaje
oil change	cambio de aceite
oil	el aceite
papers	documentos
petrol (*US* gas)	gasolina
petrol can	el bidón (*Am* el tanque) de gasolina
petrol pump	bomba de gasolina
petrol station	gasolinera, la estación de servicio
(puncture) repair kit	los parches y el pegamento

Road Signs

accidente en cadena	a pile-up
aparcamiento	parking
(*Am* playa de estacionamiento)	
atención	warning
bajada peligrosa	steep gradient
calzada en mal estado	poor road surface
callejón sin salida	no through road
cambio de pista	change lanes
cerrado al tráfico	no vehicles
circulación doble	contraflow
circunvalación	bypass
conducir por la derecha	keep to the right
cruce	crossroads
curva peligrosa	dangerous bend
dejar libre la salida	keep exit clear
desembocadura de una calle	road merges
desviación	diversion
dirección única	one-way
disminuir la marcha	reduce speed
escuela	school
estacionamiento	parking
estrechamiento de la calzada	road narrows
fin de la prohibición de estacionar	end of parking restrictions
garaje-aparcamiento	garage parking
hospital	hospital
límite de velocidad	speed limit
niños	children
obras	roadworks
paso a nivel sin barrera	level crossing with no barrier
paso de peatones/de cebra	zebra crossing
peligro	danger
pista de bicicletas	cycle path
precaución	caution
prohibido adelantar	no overtaking
prohibido aparcar	no parking
prohibido detenerse	no stopping
prohibido el tráfico (*Am* tránsito)	no vehicles
prohibido girar a la derecha	no right turn
prohibida la entrada	no entry
prohibido virar	no U-turn
puente	bridge
respetar la precedencia	give way
salida	exit
semáforo	traffic lights
tomar la fila de la izquierda	move into the left-hand lane
tráfico (*Am* tránsito) giratorio	through traffic
túnel	tunnel
zona azul	short-term parking
zona de peatones	pedestrian zone

radar speed check	el control de radar
road map	el mapa de carreteras
roadworks	(las) obras
scooter	el escúter, el scooter
screw	tornillo
sealing	junta
services	el albergue de carretera
short-circuit	cortocircuito
sidelights	la luz de población/estacionamiento
spanner, wrench	la llave de tuercas
spark-plug	bujía
speedometer	el cuentakilómetros, velocímetro
starter	el motor de arranque
street, road	la calle
sunroof	techo corredizo
tools	herramientas
to tow (away)	remolcar
towrope	el cable de remolque
traffic lights	semáforo, disco
truck *(US)*	el camión
to turn (left/right)	torcer
valve	válvula
warning triangle	la señal de situación de peligro, triángulo de peligro
wheel brace	cuadro
wheel rim	llanta

... BY PLANE

TAKE-OFF	EL DESPEGUE
Where's the ... check-in counter?	¿Dónde está la facturación de la compañía ...?
When's the next flight to ...?	¿A qué hora sale el próximo avión para ...?
I'd like to book a single/ return flight to ...	Quisiera reservar un vuelo de ida/ de ida y vuelta a ...
Are there still seats available?	¿Hay todavía plazas libres?
Non-smoking, please.	No fumadores, por favor.
I'd like to change flights.	Quisiera cambiar el vuelo.
When do I have to be at the airport?	¿A qué hora tengo que estar en el aeropuerto?
Can I take this as hand luggage?	¿Puedo llevar esto como equipaje de mano?
Is the plane to ... late?	¿Tiene retraso el avión a ...?

ARRIVAL	LLEGADA

My luggage is missing.   Mi equipaje se ha perdido.

My suitcase has been   Mi maleta (*Am* valija) está estropeada.
damaged.

airline	compañía aérea
airport bus	el autobús del aeropuerto
airport tax	los derechos de aeropuerto
boarding card	tarjeta de embarque
booking	reserva
to cancel	anular
captain	el capitán
to change the flight	cambiar el vuelo
charter flight	vuelo chárter
to check in	facturar
connection	el empalme
counter	ventanilla
crew	la tripulación
delay	retraso
direct flight	vuelo directo
duty-free shop	venta libre de impuestos
emergency exit	salida de emergencia
emergency landing	el aterrizaje forzoso
to fasten one's seat belt ...	abrocharse el cinturón de seguridad
flight	vuelo
hand luggage/baggage ...	el equipaje de mano
landing	el aterrizaje
life-jacket	chaleco salvavidas
luggage (*US* baggage)	el equipaje
non-smoking	no fumadores
on board	a bordo
passenger	pasajero
pilot	el/la piloto
plane	el avión
regular flight	el avión de línea
route	ruta (de vuelo)
scheduled time of	salida regular
departure	
seat belt	el cinturón de seguridad
security control	el control de seguridad
smoking	fumadores
steward/stewardess	el/la auxiliar de vuelo/la azafata
	(*Am* aeromoza)
stopover	escala
time of arrival	hora de llegada
timetable	horario (de vuelo)
window seat	asiento junto a la/de ventanilla

... BY TRAIN

DEPARTURE | SALIDA, PARTIDA

When's the next train to ...?	¿Cuándo sale el próximo tren para ...?
A second-class/first-class single to ..., please.	Un billete (*Am* boleto) de segunda/de primera clase para ..., por favor.
Two returns to ..., please.	Dos billetes (*Am* boletos) de ida y vuelta a ..., por favor.
Is there a reduction for ...	¿Hacen ustedes descuento para ...
children?	niños?
students?	estudiantes?
I'd like to reserve a seat on the ... o'clock train to ...	Una reserva de asiento para el tren de las ... a ..., por favor.
I'd like to register this case.	Quisiera facturar esta maleta (*Am* valija).
Is the train from ... running late?	¿Tiene retraso el tren de ...?
Is there a connection in ... to ...?	¿Hay enlace (*Am* combinación) en ... para ...?
(Where) Do I have to change?	¿(Dónde) Tengo que hacer transbordo?

Instructions and Information

Agua no potable	not drinking water
Andén/Vía	platform/track
Caballeros	gents
Coche-cama, (*Am* coche-dormitorio)	sleeping car
Coche-literas	couchette
Coche-restaurante	restaurant car
Despacho de billetes (*Am* boletería)	ticket office
Freno de alarma	emergency brake/ communication cord
Fumadores	smoking
Horario	timetable
Información	information
Lavabo	washroom/toilet
Libre	free/unoccupied
Llegada	arrival
No fumadores	non-smoking
Ocupado	occupied
Sala de espera	waiting room
Salida	departure/exit
Señoras	ladies
W.C. / Lavabos	toilets

| Which platform does the ... train leave from? | ¿De qué andén sale el tren para ...? |

ON THE TRAIN | ## EN EL TREN

| Excuse me, is this seat free? | Perdón, señora/señorita/señor, ¿está libre este asiento? |
| Does this train stop in ...? | ¿Para este tren en ...? |

to arrive	llegar
baggage	el equipaje
compartment	departamento (*Am* compartimiento)
departure	salida, partida
emergency brake	freno de alarma
engaged	ocupado
fare	precio del billete
fast train	el tren expreso
free	libre
to get out	bajar
half-fare	el billete (*Am* boleto) infantil
left-luggage office	consigna (de equipajes)
left-luggage ticket	el talón (*Am* boleto) (de equipajes)
through train	el tren directo
luggage	el equipaje
luggage rack	rejilla (de equipajes)
main station	la estación central
no-smoking compartment	departamento (*Am* compartimiento) de no fumadores
occupied	ocupado
platform	el andén
railway	el ferrocarril
reduction	descuento, la reducción
reservation	reserva
restaurant car	el vagón-restaurante
return ticket	el billete de ida y vuelta
seat reservation	reserva de asiento
smoking compartment	departamento (*Am* compartimiento) de fumadores
station	la estación
station restaurant	el restaurante de la estación
stop	parada
supplement	suplemento
taken	ocupado
ticket	el billete (*Am* boleto)
ticket window	ventanilla (*Am* boletería)
time of departure	hora de salida
timetable	horario
toilet	los servicios, baño
train	el tren
vacant	libre
waiting-room	sala de espera
window-seat	asiento junto a la ventanilla

... BY BOAT

AT THE PORT — EN EL PUERTO

When does the next ship leave for ...	¿De dónde/Cuándo parte el próximo barco para ...?
How long does the crossing take?	¿Cuánto dura la travesía?
I'd like a ticket to ...	Quisiera un pasaje para ...
I'd like a ticket for the round trip at ... o'clock.	Quisiera un pasaje para la excursión de las ...

ON BOARD — A BORDO

Where's the restaurant/lounge?	¿Dónde está el comedor/el salón?
I don't feel well.	No me siento bien.
Could you give me something for seasickness, please.	¿Puede usted darme un remedio contra el mareo?

booking	reserva
cabin	cabina
captain	el capitán
car ferry	el transbordador de automóviles
coast	costa
deck	cubierta
dock	embarcadero
excursion	la excursión
ferry	el transbordador (*Am* el ferryboat)
lifebelt	el salvavidas
lifeboat	el bote salvavidas
life-jacket	chaleco salvavidas
mainland	tierra firme
motorboat	(lancha) motora
on board	a bordo
passenger	pasajero
port	puerto
rowing-boat	barca de remos
seasick	mareo
steamship	el vapor
steward	camarero (de barco)
ticket	el billete (*Am* boleto)
trainferry	el transbordador de trenes

What to see and where to go

I'd like a map, please.	Quisiera un mapa.
What places of interest are there here?	¿Qué cosas dignas de verse hay aquí?
Are there sightseeing tours of the city?	¿Hay visitas organizadas de la ciudad?
How much does the tour cost?	¿Cuánto cuesta el billete (*Am* boleto)?
Are we going to see ..., too?	¿Vamos a visitar también ...?
When are we coming back?	¿Cuándo regresamos?

SIGHTS

When's the museum open?	¿A qué horas está abierto el museo?
When does the guided tour start?	¿A qué hora comienza la visita con guía?
Is this (that) ...?	¿Es éste el .../¿Es ésta la ...?

altar	el altar
ancient	antiguo
archaeology	arqueología
architecture	arquitectura
art collection	la colección de pintura
botanic gardens	el jardín botánico
building	edificio
castle	castillo; palacio; fortaleza; ciudadela
cathedral	la catedral
cave	cueva
cemetery	cementerio
century	siglo
chapel	capilla
church	iglesia
city centre	centro (de la ciudad)

29

city hall	ayuntamiento
countryside	el paisaje
(covered) market	mercado (cubierto)
day trip	la excursión de un día
drawing	dibujo
emperor	el emperador/la emperatriz
epoch	época
excavations	las excavaciones
excursion	la excursión
exhibition	la exposición
fishing port	puerto de pescadores
forest	el bosque
fortress	fortaleza; ciudadela
gallery	galería
guide	el guía (turístico)
guided tour	visita guiada
king	el rey
lake	lago
market	mercado
monument	monumento
mountains	cordillera
museum	museo
museum of mankind	museo del folklore
national park	el parque nacional
nature reserve	reserva natural/ecológica
old town	la ciudad vieja
painter	el pintor/pintora
painting	pintura, cuadro
palace	palacio
period	época
photography	fotografía
queen	reina
religion	la religión
restoration	la restauración
ruin	ruina
scenery	el paisaje
sculptor	el escultor
sculpture	escultura
service	culto, misa
sights	los monumentos
sightseeing tour	visita, la excursione
square	plaza
tour	visita, recorrido, el viaje circular
tower	la torre
town hall	ayuntamiento
vantage point	el mirador, punto de observación
waterfall	catarata, cascada
zoo	zoo, el parque zoológico

What's on the menu?

EATING OUT

Is there ... here?
  a good restaurant
  a restaurant with local
  specialities
  an inexpensive restaurant

¿Dónde hay por aquí cerca ...
  un buen restaurante?
  un restaurante típico?

  un restaurante no demasiado caro?

Would you reserve us a table for four for this evening, please?

¿Puede reservarnos para esta noche una mesa para cuatro personas?

Is this table free?

¿Está libre esta mesa?

Is this seat free?

¿Está libre este asiento?

Fancy some tapas?

El café: you can stop off here for a coffee, soft drinks or even something alcoholic.

El bar: Spanish bars offer a wide range of refreshment, from coffee to alcoholic drinks – you can even have a light meal. Most bars will offer you "tapas" with your beer or wine. These small appetizers come in little dishes, which were traditionally used to cover the top of the glass to keep the flies out of your drink, hence the name (tapar – to cover). They are usually things like olives, nuts, sardines etc. In Andalucia, Southern Spain, "tapas" are often offered free of charge at the bar.

La cafetería: here you can order all kinds of drinks, "tapas" and other light snacks and enjoy them at the bar, at a table or better still on a shaded terrace.

La taberna (pop. **tasca**) is a smaller establishment, serving mainly wine, but you can get other drinks.

El (café-)restaurante: a larger establishment, where you can get lunch or an evening meal as well as a drink.

El chiringuito: an open-air establishment – (nearly always on the beach) where you can get drinks and fish dishes.

A table for two/three, please.	Una mesa para dos/tres personas, por favor.
Where are the toilets, please?	¿Dónde están los servicios, por favor?
Cheers!	¡Salud!
Do you mind if I smoke?	¿Puedo fumar?

ORDERING / PEDIDO

Waiter, could I have ... ... the menu/ ... the drinks list/ ... the wine list, please.	Camarero (*Am* Mozo), ... la carta (*Am* el menú)/ la carta de bebidas (y licores)/, la carta de vinos, por favor.
What can you recommend?	¿Qué me recomienda usted?
What would you like ... ... as a starter? ... for dessert?	¿Qué toman ... ... de aperitivo? ... de postre?
I'll have ...	Yo tomo ...
I'm afraid we've run out of ...	Lo lamento, pero ya no tenemos ...
How would you like your steak? well-done medium rare	¿Como desea usted el filete? bien pasado poco pasado poco hecho
What would you like to drink?	¿Qué desea usted beber (*Am* tomar)?
A glass of ..., please.	Un vaso de ..., por favor.
A bottle of/Half a bottle of ..., please.	Una botella/Media botella de ..., por favor.
With ice, please.	Con hielo, por favor.
Bring us ..., please.	Tráiganos ..., por favor.

COMPLAINTS / QUEJAS Y RECLAMACIONES

Have you forgotten my ...?	¿Se ha olvidado usted de mi ...?
I didn't order that.	Yo no he pedido esto.
The food's cold/too salty.	La comida está fría/salada.
Take it back, please.	Lléveselo, por favor.
Fetch the manager, please.	Llame al dueño, por favor.

Making a complaint

All Spanish restaurants have a complaints book (libro de reclamaciones) which is checked regularly by the tourist authorities. If you have a complaint about the restaurant, or even if you want to express your satisfaction, you can use this book to do so.

COULD I HAVE THE BILL, PLEASE? | ¡LA CUENTA, POR FAVOR!

All together, please.	Todo junto, por favor.
Separate bills, please.	Cuentas separadas, por favor.
Did you enjoy your meal?	¿Le/Les ha gustado la comida?
The food was excellent.	La comida estaba excelente.
That's for you.	Para usted.
Keep the change.	Está bien así.

A service charge is included in the bill in all Spanish restaurants and hotels, but it is still customary to give a tip of between 5% and 10%.
The bill will be made up for the whole table and not for individual diners.

baked	cocido al horno
to boil	hervir
breakfast → p. 35	desayuno
children's portion	plato para niños
cold	frío
cook	cocinero
to cook	cocer
cup	taza
cutlery	los cubiertos
dessert, sweet	el postre
diabetic	diabético
dinner	cena
dish of the day	plato del día
dish	plato, comida
drink → p. 41	bebida
fishbone	espina
fork	el tenedor
fresh	fresco
fried	frito
garlic	ajo
glass	vaso
gravy	salsa

hors d'œuvre → p.35	los entremeses
hot *(not cold)*	(muy) caliente
hot *(spicy)*	picante, fuerte
knife	cuchillo
lemon	el limón
lunch	comida, almuerzo
main course → p.36	plato principal
menu	carta (*Am* el menú)
mustard	mostaza
napkin	servilleta
oil	el aceite
order	pedido
pepper	pimienta
plate	plato
portion	la ración
raw	crudo
roasted	asado
salt	la sal
sauce	salsa
to season	sazonar
seasoning, spice	especia, condimento
serviette	servilleta
set meal/menu	el menú
side-dish → p.38	la guarnición
smoked	ahumado
soup → p.36	sopa
sour	agrio
speciality	la especialidad
spoon	cuchara
straw	pajita
sugar	el azúcar
sweet	dulce
sweetener	sacarina
tip	propina
toothpick	palillo de dientes
tough	duro
vegetarian	vegetariano
vinegar	el vinagre
waiter/waitress	camarero/camarera
water	(el) agua
well-done	bien pasado

Menu turístico

All restaurants in Spain are obliged to provide at least one *menu turístico* with prices fixed by the authorities.

Menú
Menu

Desayuno	Breakfast
café solo	black coffee
café con leche	white coffee
café descafeinado	decaffeinated coffee
té con leche/limón	tea with milk/lemon
infusión (de hierbas)/tisana	herbal tea
chocolate	(hot) chocolate
zumo de fruta	fruit juice
huevo pasado por agua	soft-boiled egg
huevos revueltos	scrambled egg
huevos con jamón	ham and eggs
pan/panecillos/tostadas	bread/rolls/toast
croissant (*Am* media luna)	croissant
churros	doughnuts
mantequilla (*Am* manteca)	butter
queso	cheese
embutido	sausage
jamón	ham
miel	honey
mermelada	jam
müsli	muesli
yogur	yogurt
fruta	fruit → p. 39

Entremeses	Starters
aceitunas	olives
alcachofas	artichokes
almejas	cockles
boquerones	fresh anchovies
cangrejos	crab
caracoles	snails
chorizo	spicy sausage
croquetas	croquettes
embutido	sausage
ensaladilla rusa	Russian salad (vegetables in mayonnaise)
fiambre	cold meats

gambas	prawns
gambas al ajillo	prawns in garlic sauce
gambas a la plancha	grilled prawns
jamón serrano	cured ham
jamón (de) york	boiled ham
mejillones	mussels
salchichón	Spanish salami
salpicón de marisco	seafood salad
sardinas	sardines

Sopas	Soups
caldo	broth/ bouillon
consomé	consommé (clear soup)
crema de espárragos	cream of asparagus
fabada asturiana	Asturian bean soup
gazpacho	gazpacho (tomato soup with peppers, oil, apples, vinegar etc. served chilled)
sopa de ajo	garlic soup
sopa de arroz	rice soup
sopa de fideos	noodle soup
sopa de pescado	fish soup
sopa de verduras (sopa juliana, sopa jardinera)	vegetable soup

Pescados y Mariscos	Fish and seafood
anguila	eel
angulas	elver (young eels)
arenque	herring
atún	tuna
bacalao	cod
besugo	sea bream
bogavante	lobster
bonito	tuna
caballa	mackerel
calamares a la romana	squid in breadcrumbs
calamares en su tinta	squid in its own juice
carpa	carp
centollo	spider crab
cigalas	lobster
corvina	sea bass
dorada	dorado
gambas	king prawns
langosta	lobster
langostinos	prawn
lenguado	sole

lubina	sea bass
merluza	hake
paella	paella (rice dish with seafood, chicken, vegetables etc.)
parrillada de pescado	mixed fish grill
perca	perch
pescadilla	whiting
pescado a la marinera	fish steamed in tomato and parsley sauce
pez espada	swordfish
platija	plaice
pulpo	octopus
rape	monkfish
raya	skate
rodaballo	turbot
salmón	salmon
salmonete	red mullet
trucha	trout
zarzuela de mariscos	seafood casserole

Are you a fish?

"Estar pez" (lit: *to be fish*) in Spanish doesn't mean that you look like a fish, but that you don't have a clue about something.

Carne y Aves	Meat and poultry
asado	roast
bistec	beef steak
cabrito	goat's meat
callos	tripe
carne picada	minced meat
carne de vaca	beef
cerdo	pork
chuleta (*Am* costeleta)	chop
cocido	stew, with meat, beans, vegetables, potatoes etc.
cochinillo	suckling pig
conejo	rabbit
cordero	lamb
cordero lechal	suckling lamb
empanada	savoury pie
escalope	escalope
estofado	stew
faisán	pheasant
filete	fillet
guisado	stew

hígado	liver
lengua	tongue
liebre	hare
lomo	loin chop
paella	paella (rice dish with chicken, seafood, vegetables etc.)
parrillada de carne	mixed grill
pato	duck
pavo	turkey
pechuga de pollo	chicken breast
perdiz	partridge
pichón	pigeon
pollo	chicken
riñones	kidneys
rosbif	roast beef
sesos	brain
solomillo	fillet
ternera	veal

Ensalada y Verduras — Salads and vegetables

acelgas	chard
alcachofas	artichokes
berenjenas	aubergines
cebollas	onions
col de Bruselas	Brussel sprouts
coliflor	cauliflower
ensalada variada/mixta	mixed salad
ensalada del tiempo	seasonal salad
escarola	endive, chicory
espárragos	asparagus
garbanzos	chickpeas
guisantes	peas
judías blancas (alubias)	butter beans
judías verdes	green beans
lechuga	lettuce
lentejas	lentils
patatas(*Am* papas)	potatoes
patatas (*Am* papas) fritas	French fries
pepino	cucumber
pimiento	pepper
pisto (manchego)	fried vegetable hash
setas	flat mushrooms
tomate	tomato
zanahorias	carrots

Platos de huevos | Egg dishes

Platos de huevos	Egg dishes
huevos al plato	fried egg
huevos duros	hard-boiled egg
huevos fritos	fried egg
huevos pasados por agua	soft-boiled egg
huevos revueltos	scrambled egg
tortilla (a la) española	Spanish omelette (with potatoes and onions)
tortilla (a la) francesa	plain omelette

Postres, queso y fruta | Desserts, cheese and fruit

Postres, queso y fruta	Desserts, cheese and fruit
albaricoques (*Am* damascos)	apricots
arroz con leche	rice pudding
cerezas	cherries
ciruelas	plums
compota	stewed fruit, compote
flan	caramel custard
fresas (*Am* frutilla)	strawberries
higos	figs
macedonia de frutas	fruit salad
mandarina	mandarin orange
manzana	apple
melocotón (*Am* durazno)	peach
melón	melon
naranja	orange
natillas	custard
pera	pear
piña (*Am* ananás)	pineapple
plátano (*Am* banana)	banana
queso de cabra	goat's cheese
queso (de) Gruyère	gruyère
queso manchego	cheese from La Mancha
queso de oveja	sheep's cheese
sandía	water melon
tarta	tart
toronja	grapefruit
uvas	grapes

If a Spaniard or Latin American asks you about your *"media naranja"*, then he's not asking you for half of your orange, but is enquiring after your *"better half"*.

Helados	Ice cream
café helado	iced coffee
copa de helado	mixed ice cream
copa de helado con frutas	mixed ice cream with fruit
helado de chocolate	chocolate ice cream
helado de fresa	strawberry ice cream
helado de limón	lemon ice cream
helado de vainilla	vanilla ice cream
helado variado	mixed ice cream
mantecado	luxury ice cream

Dulces	Sweet things
bombón	praline
chocolate	chocolate
churros	doughnuts
dulces	sweets
galletas	biscuits (*US* cookies)
nata	cream
nata batida/montada	whipped cream
pastas, pasteles	pastries
pastelillos de crema	cream cakes
tarta	cake/tart
tarta de crema	butter cream cake
tarta helada	ice cream cake
tarta de frutas	fruit pie/tart
tarta de manzana	apple pie/tart
torta, tarta	cake

Tasty!

"Me gusta!" (*"This is tasty!"*) has various meanings in Spanish not all of them to do with food. You can also use it for people and things: *"Me gustas!"* (*"I like you"*).

Bebidas
Beverages

Algunos vinos típicos españoles	Some typical Spanish wines
Cariñena	dry table wine
Chacolí	dry aperitif
Jerez dulce/oloroso	sweet sherry
Málaga	very sweet dessert wine
Manzanilla	dry white wine
Montilla	dry aperitif
Moriles	dry white wine
Moscatel	muscatel
Priorato	dry red or white wine (from Catalonia)
Ribeiro	dry red wine (from Galicia)
Rioja	dry red and white wine
Sangría	sangria (fruit punch)
Valdepeñas	dry red and white wine (from La Mancha)

Otras bebidas alcohólicas	Other alcoholic drinks
aguardiente	schnapps
anís	aniseed
caña (de cerveza)	beer *(small glass)*
cerveza de barril	draught beer
champán, cava	sparkling wine
coñac	cognac
cuba libre	cuba libre/rum and coke
ginebra	gin
licor	liqueurs/spirits
sidra	cider

Cheers!

When making a toast, you can use the following expression, relating to health, love and wealth: *"Salud, amor y peseta, suerte completa"*. Or you can wish that you should always enjoy good fortune: *"¡Qué seas muy feliz!"* (sing) / *"¡Qué séais muy felices!"* (pl)

Bebidas no alcohólicas	Alcohol-free drinks
agua mineral	mineral water
batido	milk shake
cacao	cocoa
(café) americano	large black coffee
café solo	espresso
café con leche	white coffee
(café) cortado	espresso with a little milk
(café) descafeinado	decaffeinated coffee
gaseosa	sparkling mineral water
horchata	orgeat (almond cordial)
leche	milk
limonada	lemonade
naranjada	orangeade
soda, (agua de) sifón	soda
té	tea
(agua) tónica	tonic water
zumo (*Am* jugo) de fruta	fruit juice
zumo (*Am* jugo) de limón, limón natural	lemon juice
zumo (*Am* jugo) de naranja	orange juice

No half measures

When out drinking in Spain, you rarely spend the whole evening in one bar. It's quite common to go to several different bars. Beer is always served in small glasses; just ask for *caña*. If you end up drinking spirits, watch out for the generous measures. They are poured directly from the bottle at the waiter's discretion.

Do you accept credit cards?

open.... abierto	closed........... cerrado
closed for holiday until ...	cerrado por vacaciones

Where can I find ...?	Por favor, ¿dónde hay ...?
Can you recommend a good ... shop?	¿Puede usted indicarme una buena tienda de ...?
I'd like ...	Quisiera .../Desearía .../Me gustaría ...
Have you got ...?	¿Tiene usted ...?
I'll take it.	Me lo llevo.
How much is it?	¿Cuánto cuesta?
Do you take ...	¿Aceptan ustedes ...
eurocheques?	eurocheques?
credit cards?	tarjetas de crédito?

antique shop	las antigüedades
arts and crafts	los oficios artísticos
baker	panadería
bookshop	librería → p. 54
butcher	carnicería
cake shop	pastelería, confitería
chemist	droguería → p. 46
(including prescriptions)	farmacia → p. 44
department store	los grandes almacenes
dry-cleaner	tintorería, limpieza en seco
electrical goods	(tienda de) artículos eléctricos → p. 47
flea market	rastro
florist	florería
food store	tienda de comestibles (Am el almacén) → p. 49
greengrocer (fruit)	frutería
greengrocer	verdulería
hairdresser (women's, men's)	peluquería (de señoras, de caballeros) → p. 48
health food shop	(tienda de) productos dietéticos

household goods	Artículos domésticos → p. 49
launderette	lavandería
laundry	lavandería
leather shop	(tienda de) artículos de piel/cuero
market	mercado
music shop	(tienda de) artículos de música
newsagent, *US* newsstand	el vendedor de periódicos → p. 54
off-licence	(tienda de) bebidas alcohólicas, vinos y licores
optician	óptico → p. 53
perfumery	perfumería
pharmacy	droguería → p. 46
(including prescriptions)	farmacia → p. 44
photographic materials ...	(tienda de) artículos fotográficos → p. 47
second-hand bookshop ..	librería de segunda mano
self-service shop	autoservicio
shoe shop	zapatería → p. 52
sports shop	(tienda de) artículos de deporte
stationer	papelería → p. 54
supermarket	supermercado
tobacconist	estanco (*Am* cigarrería) → p. 54
toy shop	juguetería, (tienda de) artículos de juguete
travel agency	agencia de viajes
watchmaker	relojero
wine merchant	(el almacén de) vinos, la bodega

CHEMIST / DRUGSTORE (FOR PRESCRIPTIONS)	**FARMACIA**

Where's the nearest chemist/pharmacy (with all-night service)?

¿Dónde está la farmacia (de guardia) más cercana, por favor?

Can you give me something for ...?

¿Me puede dar algo contra ..., por favor?

You need a prescription for this.

Para esa medicina se necesita una receta.

to be taken internally	para uso interno
for external use only	para uso externo
take	tomar
on an empty stomach	en ayunas
before meals	antes de las comidas
after meals	después de las comidas
allow to dissolve in the mouth	dejar deshacerse en la boca

antibiotics	antibiótico
antidote	antídoto
aspirin®	aspirina®
Band aid®	esparadrapo
camomile tea	camomila
cardiac stimulant	medicamento para la circulación de la sangre
charcoal tablets	las pastillas de carbono
condom	preservativo, el condón
contraceptive pills	píldora anticonceptiva
cotton-wool	el algodón
cough mixture	el jarabe (contra la tos)
disinfectant	el desinfectante
drops	las gotas
ear-drops	las gotas para los oídos
elastic bandage	venda elástica
eye drops	las gotas para los ojos
gargle	(el) agua para gargarismos
gauze bandage	gasa
glucose	glucosa
headache tablets	las pastillas para el dolor de cabeza
insect repellent	el insecticida
insulin	insulina
laxative	el laxante
medicine	medicina, medicamento, remedio
ointment for burns	pomada para quemaduras
ointment	pomada
pain-killing tablets	las pastillas contra el dolor
pill	pastilla, comprimido
plaster	esparadrapo
powder	los polvos
prescription	la receta
remedy	medicina, remedio
sedative	el tranquilizante
side effects	los efectos secundarios
sleeping pills	los somníferos
sunburn	quemadura por el sol
suppository	los supositorios
tablet	pastilla, comprimido
thermometer	termómetro
throat lozenges	las pastillas para la garganta
iodine, tincture of ~	tintura de yodo
tranquilizer	el tranquilizante

CHEMIST / DRUGSTORE (FOR TOILETERIES)	DROGUERÍA
after-shave lotion	la loción
Band aid®	esparadrapo
body lotion	crema para la piel
brush	cepillo
comb	el peine
condom	preservativo
cotton-wool	el algodón
cream	crema
deodorant	el desodorante
detergent	el detergente
diapers	los pañales
dishcloth	paño para fregar
dummy	el chupete
eye-shadow	sombra de ojos
feeding bottle	el biberón
flannel	manopla de baño, el guante de tocador
hairbrush	cepillo del pelo
lipstick	el lápiz de labios
mascara	el rímel
mirror	espejo
nail-brush	cepillo de uñas
nail-file	lima de uñas
nail-scissors	tijera de uñas
nail-varnish	laca de uñas
nappies	los pañales
paper handkerchiefs	los pañuelos de papel
perfume	el perfume
plaster	esparadrapo
powder	los polvos
protection factor	(el) factor de protección solar
razor	maquinilla de afeitar
razor-blade	cuchilla de afeitar
safety-pins	los imperdibles
sanitary towels	los paños higiénicos
setting lotion	el fijador
shampoo	el champú
shaving-brush	brocha de afeitar
shaving-soap	el jabón de afeitar
soap	el jabón
sponge	esponja
suntan lotion	crema solar
suntan oil	el aceite solar
tampons	el tampón
toilet-paper	el papel higiénico
toothbrush	cepillo de dientes
toothpaste	pasta de dientes
tweezers	las pinzas
washing-up liquid	el detergente

ELECTRICAL GOODS — (TIENDA DE) ARTÍCULOS ELÉCTRICOS

adapter	el adaptador
battery	batería
blow-dryer	el secador de pelo
bulb	bombilla
cassette	la/el casete
CD, compact disc	el DC, disco compacto
flashlight	linterna
headphones	los auriculares
personal stereo	el walkman®
plug	clavija de enchufe
record	disco
torch	linterna
video camera	cámara de vídeo, filmadora
video cassette	la/el videocasete
video film	película vídeo
video recorder	el videocasete

PHOTOGRAPHIC MATERIALS — (TIENDA DE) ARTÍCULOS FOTOGRÁFICOS

I'd like ...	Quisiera .../Desearía ...
a film for this camera.	una película para esta cámara.
a colour film for prints/slides.	una película en color para reproducciones en papel/para diapositivas.
Could you load the film for me?	¿Puede usted colocarme el carrete?
Would you develop this film for me, please.	¿Pueden ustedes revelarme esta película?
When can I pick up the photos?	¿Cuándo puedo retirar las fotos?
The view-finder/shutter doesn't work.	El visor/El disparador no funciona.
Can you mend it?	¿Podrían arreglármelo?

black-and-white film	película en blanco y negro
colour film	película en color
film camera	cámara fotográfica
film speed	la sensibilidad
flash	el flash
flashcube	cubo de flash
lens	la lente, objetivo
passport photo	la foto (para) pasaporte
shutter	el disparador
telephoto lens	teleobjetivo

Can I make an appointment for tomorrow?	¿Puede usted darme hora (*Am* un turno) para mañana?
Shampoo and blow dry/set, please.	Lavar y secar/marcar, por favor.
Wash and cut/Dry cut, please.	Cortar y lavar/Cortar sin lavar, por favor.
I'd like a perm.	Quisiera una permanente.
Leave it long, please.	Déjelo largo, por favor.
Just trim the ends.	Sólo las puntas.
Not too short, please.	No demasiado corto, por favor.
Very short, please.	Muy corto, por favor.
A bit shorter, please.	Un poco más corto, por favor.
Shaved, please.	Un corte de pelo a navaja, por favor.
No hairspray, please.	No me ponga laca, por favor.
I'd like a shave, please.	Afeitar, por favor.
Would you trim my beard, please?	Córteme un poco la barba, por favor.
Thank you. That's fine.	Muchas gracias. Está muy bien así.

beard	barba
to blow dry	secar
to comb	peinar
curlers	rulo (*Am* rulero)
curls	los rizos (*Am* los rulos)
dandruff	caspa
to do someone's hair	peinar
to dye	teñir
fringe	flequillo
hair	pelo
haircut	el corte de pelo
hairpiece	peluca, el bisoñé
hairspray	el spray para el pelo
hairstyle	peinado
moustache	el bigote
perm	la permanente
to set	marcar
shampoo	el champú
to tint	dar reflejos
to trim	cortar
wig	peluca

HOUSEHOLD GOODS | ARTÍCULOS DOMÉSTICOS

bin liner	bolsa de la basura
bottle-opener	el abrebotellas
broom	escoba
bucket	cubo (*Am* el balde)
candles	velas
charcoal	el carbón de parrilla
clingfilm	el papel de conservación fresca
clothes line	cuerda de la ropa
cold bag	la bolsa-frigorífico
corkscrew	el sacacorchos
glass	vaso
grill	parrilla, barbacoa
ice pack	bolsita de hielo
knife, fork and spoon	los cubiertos
methylated spirits	el alcohol de quemar
paper napkins	las servilletas de papel
paraffin	petróleo
pegs	las pinzas de la ropa
plastic bag	bolsa de plástico
pocket knife	navaja
saucepan	cazuela, puchero
serviettes	las servilletas de papel
sunshade	sombrilla
thermos flask	termo
tin foil	el papel de estaño
tin-opener	el abrelatas

FOOD AND DRINK | LOS COMESTIBLES

> You will find a more comprehensive vocabulary list in the
> FOOD & DRINK chapter (see page 35)

What can I get you?	¿Qué desea?
I'd like ..., please.	Déme ..., por favor.
a kilogram of ...	un kilo de ...
a piece of ...	un trozo de ...
a packet of ...	un paquete de ...
a jar of ...	un frasco de ...
a tin of ...	un bote de ...
a bottle of ...	una botella de ...
a bag of ...	una bolsa de ...
Can I get you anything else?	¿Desea alguna cosa más?
No, thank you. That's all.	Eso es todo, gracias.

alcohol-free beer	cerveza sin alcohol
baby food	el alimento para bebés → p. 67
beer	cerveza → p. 41
biscuits	las galletas, las pastas → p. 40
bread	el pan
butter	mantequilla (*Am* manteca)
cake	la tarta, el pastel → p. 40
cheese	queso → p. 39
chicken	pollo → p. 38
chocolate	el chocolate
chocolate bar	barra/barrita de chocolate
coffee	el café → p. 35, 42
cold meat	el embutido, los fiambres variados
cookies	las galletas, las pastas → p. 40
cream	crema, nata
eggs	los huevos
fish	pescado → p. 36
flour	harina
fresh	fresco
fruit	fruta → p. 39
ice-cream	helado → p. 40
jam	mermelada → p. 35
lemonade	limonada → p. 42
low-fat milk	la leche semidesnatada
margarine	margarina
meat	la carne → p. 37
milk	la leche
mince, minced meat	la carne picada
mineral water	(el) agua mineral → p. 42
muesli	el müsli
oil	el aceite
orange juice	zumo de naranja → p. 42
pasta	la pasta
peanuts	los cacahuetes (*Am* el maní)
poultry	aves → p. 37
roll	panecillo → p. 35
salad	ensalada → p. 38
salt	la sal
sausage	salchicha → p. 40
soup	sopa → p. 36
sweets	los dulces, las golosinas → p. 39
tea	el té
tea bag	bolsita de té
tinned food	las conservas
toast	tostada
vegetables	las verduras; las legumbres → p. 38
wine	vino → p. 41
yoghurt	el yogur

FASHION	**MODA**

Can you show me ...?	¿Puede usted enseñarme ...?
Can I try it on?	¿Puedo probármelo?
What size do you take?	¿Qué talla tiene usted?
It's too ...	Me resulta demasiado ...
tight/big	estrecho (*Am* angosto)/ancho.
short/long.	corto/largo.
small/big.	pequeño/grande.
It's a good fit. I'll take it.	Me va muy bien. Me lo llevo.
It's not quite what I wanted.	No es exactamente lo que yo quería.
I'd like to have these things dry-cleaned.	Quisiera que me limpiaran en seco esta ropa.
When will they be ready?	¿Cuándo estará lista?

anorak	el anorak
bathing trunks	el bañador, el pantalón de baño
belt	el cinturón
bikini	el bikini
blouse	blusa
bow-tie	pajarita
briefs	braga, el slip
button	el botón
cap	gorra
cardigan	chaqueta de punto, rebeca (*Am* saco tejido)
coat	abrigo
colour	el color
dress	vestido
gloves	los guantes
handbag	cartera, bolsa (de mano)
handkerchief	pañuelo
hat	sombrero
jacket	chaqueta (*Am* saco)
jeans	los tejanos, los vaqueros
jumper	el jersey (*Am* el pulóver)
lining	forro
machine-washable	lavable en lavadora
nightdress	el camisón
pants *(knickers)*	braga, el slip, el calzoncillo, los calzoncillos
pants *(US)*	el pantalón
petticoat	la combinación, las enaguas
pullover	el jersey (*Am* el pulóver)
pyjamas	el pijama

raincoat	el impermeable
scarf	el chal, pañuelo de cuello
shirt	camisa
shorts	el pantalón corto
skirt	falda
socks	los calcetines
stockings	las medias
striped	a rayas, rayado
suit	el traje (de chaqueta)
summer dress	vestido de verano
sweater	el jersey (*Am* el pulóver)
swimming costume	el traje de baño
teeshirt	camiseta
tie	corbata
tights	(*woolen ~*) los leotardos; (*ladies ~*) el panty
towelling	(tejido de) rizo
tracksuit	el traje de entrenamiento, el chándal
trousers (*UK*)	el pantalón
umbrella	el paraguas
underwear	ropa interior
vest	camiseta
waistcoat	chaleco
zip	cremallera (*Am* el cierre relámpago)

SHOE SHOP — ZAPATERÍA

I'd like a pair of ... shoes.	Quiero un par de zapatos ...
Size ...	Calzo el número ...
They're too narrow/wide.	Son demasiado estrechos/anchos.
And a tube of shoe cream/ a pair of shoelaces, please.	Déme también, por favor, un tubo de betún/unos cordones de zapatos.
I'd like to have new soles put on these shoes.	¿Puede poner medias suelas nuevas a estos zapatos?
Could you put new heels on, please?	¿Puede usted arreglar los tacones?

boots	las botas
children's shoes	los zapatos de niño
rubber boots	las botas de goma
sandals	las sandalias
shoecream	el betún
shoes	los zapatos
trainers	las zapatillas de deporte

OPTICIAN — ÓPTICO

Could you repair these glasses for me, please.	¿Puede usted arreglarme estas gafas (*Am* estos anteojos/lentes), por favor?
I'm short-sighted/long-sighted.	Soy miope/présbita.
What's your acuity?	¿Cuál es su potencia visual?
Plus/Minus ... in the right eye, ... in the left eye ...	A la derecha más/menos ..., a la izquierda ...
When can I pick up the glasses?	¿Cuándo puedo recoger las gafas?
I need some ... cleansing solution ... for hard/soft contact lenses.	Necesito ... detergente para lentes de contacto duras/blandas.
I'm looking for ... some sunglasses. some binoculars.	Quisiera ... unas gafas de sol. unos prismáticos.

JEWELLER — JOYAS Y BISUTERÍA

My watch doesn't work. Could you have a look at it?	Mi reloj no funciona. ¿Puede usted mirar lo que tiene?
I'd like ... a nice souvenir. a nice present.	Quisiera ... un recuerdo bonito. un regalo bonito.
How much do you want to spend?	¿Cuánto quiere usted gastar aproximadamente?
I'd like something that's not too expensive.	Quisiera algo que no sea demasiado caro.

bracelet	pulsera, el brazalete
brooch	el broche
costume jewellery	bisutería
crystal (rock ~)	el cristal (de roca)
earrings	los pendientes (*Am* los aretes)
gold	oro
jewellery	las joyas
necklace	el collar, cadena
pearl	perla
pendant	el colgante
ring	anillo
silver	plata
wristwatch	el reloj de pulsera

STATIONER — PAPELERÍA

I'd like ...
an english newspaper.
an american newspaper.
a guide.

Quisiera ...
un periódico inglés.
un periódico americano.
una guía.

ballpoint pen, biro	bolígrafo (*Am* lapicero de bolilla)
coloured pencil	pintura, el lápiz de color
envelope	el sobre
eraser *(US)*	goma de borrar
fountain pen	pluma (estilográfica)
gift wrap	el papel de regalo
glue	la goma, el pegamín
guide	guía
magazine	revista
map	el mapa
map of walks	el mapa de excursiones
newspaper	periódico
notebook	agenda, libreta de apuntes
notepad	el bloc/la libreta de apuntes
novel	novela
paper	el papel
paperback	libro de bolsillo
pencil	el lápiz, lapicero
picture postcard	la postal
playing cards	las cartas, baraja
road map	el mapa de carreteras
rubber *(UK)*	goma de borrar
Sellotape®	cinta celo (*Am* cinta adhesiva)
sketchbook	el bloc/el cuaderno de dibujo
stamp	sello (*Am* estampilla)
town map	plano de la ciudad
writing-paper	el papel de escribir

TOBACCONIST — ESTANCO (*Am* TABAQUERÍA)

A packet/carton of filter-tipped/plain ... cigarettes, please.

Un paquete/Un cartón de cigarrillos ... con/sin filtro, por favor.

Ten cigars/cigarillos, please.

Déme diez puros (*Am* cigarros)/puritos (*Am* cigarros pequeños), por favor.

A packet of (pipe) tobacco, please.

Un paquete de tabaco (de pipa), por favor.

A box of matches/
A lighter, please.

Una caja de cerillas (*Am* fósforos)/Un mechero (*Am* encendedor), por favor.

A double room, please

Can you recommend ..., please?	Perdón, señor/señora/señorita. ¿Podría usted indicarme ...
a hotel	un hotel?
a guest-house	una pensión?
a bed-and-breakfast place	una habitación particular?
Is there ... here?	¿Hay por aquí ...
a youth hostel	un albergue juvenil?
a camping-site	un cámping?

HOTEL

RECEPTION DESK	**LA RECEPCIÓN**
I've reserved a room. My name's ...	He reservado aquí una habitación. Me llamo ...
Have you got any vacancies?	¿Tienen ustedes habitaciones libres ...
... for one night.	... para una noche?
... for two days.	... para dos días?
... for a week.	... para una semana?
No, I'm afraid we're full up.	Lo siento, señor/señora/señorita, está todo ocupado.
Yes, (sir/madam,) what sort of room would you like?	Sí. ¿Qué clase de habitación desea usted?
a single room	una habitación individual
a double room	una habitación doble
with a shower	con ducha
with a bath	con baño
with a balcony	con balcón
a quiet room	una habitación tranquila
with a view of the sea	con vistas al mar
at the front	que dé a la calle

Can I see the room?	¿Podría ver la habitación?
Can you put ... in the room?	¿Pueden ustedes poner ...
another bed	otra cama?
a cot	una cama para un niño?
How much is the room with ...	¿Cuánto cuesta la habitación con ...
breakfast?	desayuno?
breakfast and evening meal?	media pensión?
full board?	pensión completa?
Would you fill in the registration form, please?	¿Quiere hacer el favor de rellenar el formulario de inscripción?
Please have the luggage taken up to my room.	¿Pueden llevar el equipaje a mi habitación?
Has the hotel got ...	¿Tiene el hotel ...
a swimming-pool?	una piscina?
a private beach?	una playa propia?
Where's the restaurant?	¿Dónde está el comedor?
Where's the breakfast-room?	¿Dónde se desayuna?

Breakfast: FOOD & DRINK, → p.35

| Please wake me at ... o'clock in the morning. | Haga el favor de despertarme mañana a las ... |
| My key, please. | Mi llave, por favor. |

COMPLAINTS — RECLAMACIONES

The room hasn't been cleaned.	La habitación no está limpia.
The shower	La ducha ...
The lavatory	El agua del wáter ...
The heating	La calefacción ...
The light	La luz ...
The television	El televisor ...
doesn't work.	no funciona.
There's no (warm) water.	No sale agua (caliente).
The toilet/wash-basin is blocked up.	El wáter/El lavabo está atascado (*Am* tapado).

56

DEPARTURE	**PARTIDA**

I'm leaving this evening/ tomorrow at ... o'clock.
Me marcho esta tarde/mañana a las ...

I'd like my bill, please.
Prepáreme la cuenta, por favor.

Do you accept ...
¿Aceptan ustedes ...
  british pounds? — libras esterlinas?
  dollars? — dólares?
  eurocheques? — eurocheques?

Thank you very much for everything. Goodbye! ...
Muchas gracias por todo. Adiós.

adapter	el enchufe intermedio
air-conditioning	el aire acondicionado
babysitting service	guardería infantil
bath	bañera, baño
bed	cama
bed and breakfast	alojamiento
bed-linen	ropa de cama
bedroom	cuarto de baño
bedside table	mesita de noche
blanket	colcha; *(wollene)* manta
breakfast	desayuno
breakfast-room	sala de desayuno
to clean	limpiar
coathanger	percha
cold water	(el) agua fría
cot	cama de niño
cupboard	armario
dining-room	el comedor
dinner	cena
elevator	el ascensor
faucet *(US)*	grifo *(Am* canilla)
floor	piso
full board	la pensión completa
guest house	la pensión
half board	media pensión
heating	la calefacción
high season	temporada alta
key	la llave
lamp	lámpara
lavatory	los servicios, baño
lift	el ascensor
low season	temporada baja
lunch	comida, almuerzo
maid	camarera (del hotel)
mirror	espejo
pillow	almohada

plug	clavija de enchufe
porter	portero
radio	la radio
reading-lamp	lámpara de mesa de noche
reception	el hall
registration	la recepción
reservation	reserva
room	la habitación (*Am* pieza)
safe	caja fuerte
shower	ducha
socket	(caja de) el enchufe
storey	piso
tap (*UK*)	grifo (*Am* canilla)
television, TV	el televisor
television lounge	sala de televisión
toilet	los servicios, baño
toilet-paper	el papel higiénico
towel	toalla
warm water	(el) agua caliente
washbasin	lavabo
water	(el) agua
window	ventana

RENTED ACCOMMODATION

Is electricity/water included in the price?	¿Está incluido en el alquiler el precio de la electricidad/del agua?
Are pets allowed?	¿Admiten ustedes animales domésticos?
Where can we pick up the keys to the house?	¿Dónde nos entregan las llaves para la casa?
Do we have to clean the flat before we leave?	¿Tenemos que encargarnos nosotros de la limpieza final?

additional costs	los gastos adicionales
bedroom	dormitorio
bungalow	el bungalow
bunk bed	las literas
coffee machine	cafetera
cooker	cocina
day of arrival	el día de llegada
electricity	la corriente, la electricidad
extras	los gastos adicionales
flat (*US* apartment)	apartamento (*Am* departamento)
fridge (*UK*)	nevera

holiday camp	la urbanización de vacaciones
holiday flat	piso (Am apartamento) de vacaciones
holiday home	casa de vacaciones
kitchenette	el rincón-cocina
landlord/landlady	dueño de la casa
to let	alquilar
living-room	cuarto de estar
pets	los animales domésticos
refrigerator (US)	nevera
rent	el alquiler
to rent	alquilar
rubbish (US garbage)	basura
stove	cocina
studio couch	el sofá-cama
tea towel	paño de cocina
toaster	el tostador
washing machine	lavadora

CAMPING

Have you got room for another caravan/tent?	¿Tienen ustedes sitio para un coche-vivienda (Am una casa rodante)/una tienda (Am una carpa)?
How much does it cost per day and person?	¿Cuánto cuesta por día y por persona?
What's the charge for ... a car? a caravan/a mobile home? a tent?	¿Cuánto se paga por ... un coche? un coche-vivienda (Am una casa rodante)/una autocaravana? una tienda (Am una carpa)? Wochen.
We'll be staying for ... days/weeks.	Pensamos quedarnos ... días/semanas.
Is there a food-store here?	¿Hay aquí una tienda de comestibles?
Where are the ... toilets? washrooms? showers?	¿Dónde están ... los servicios? los lavabos? las duchas?
Are there electric points here?	¿Hay aquí corriente eléctrica?
Is it 220 or 110 volts?	¿La corriente es de 220 o de 110 voltios?
Where can I exchange gas canisters?	¿Dónde puedo cambiar botellas de butano (Am garrafas de gas)?

to camp	acampar, hacer cámping
camper	autocaravana
camping	el cámping
camping guide	guía de campings
camping-site	el cámping
caravan	caravana, el coche vivienda (*Am* casa rodante)
charge (hire)	tasa de utilización
children's playground	el parque de recreo infantil
cooker	hornillo, horno
drinking-water	(el) agua potable
electric point	toma de corriente
electricity	la corriente, la electricidad
gas canister	bombona (*Am* garrafa) de gas
gas-cooker	horno de gas
hire	(~ *to someone*) prestar; (~ *from someone*) pedir prestado
hire charge	(derechos de) alquiler
paraffin lamp	lámpara de petróleo
plug	clavija de enchufe
sink	fregadero
socket	(caja de) el enchufe
tent	tienda de campaña (*Am* carpa)
tent peg	el piquete
tentpole	palo de tienda de campaña (*Am* de carpa)
water	(el) agua

YOUTH HOSTEL

Can I hire bed-linen/a sleeping-bag?	¿Me pueden prestar ropa de cama/un saco de dormir?
The front door is locked at midnight.	La puerta de entrada se cierra a medianoche.

youth hostel	el albergue juvenil
youth hostelling card	el carnet de albergues juveniles
day room	sala de estar
dormitory	dormitorio
hall of residence	residencia estudiantil, colegio mayor
membership card	tarjeta/el carnet de socio
sleeping-bag	saco de dormir
washroom	los lavabos

Out on the town

BAR/DISCOTHEQUE/ NIGHT-CLUB	BAR/DISCOTECA/CLUB NOCTURNO
What can we do here in the evenings?	¿Qué se puede hacer por aquí por las tardes?
Is there a nice pub here?	¿Hay por aquí un bar/una taberna acogedor/-a?
Where can we go dancing?	¿Dónde se puede ir aquí a bailar?
One drink is included in the price of admission.	La entrada incluye una bebida.
A whisky and soda, please.	Un whisky con soda, por favor.
The same again.	Otra vez lo mismo.
This round's on me.	Esta ronda corre de mi cuenta.
Shall we (have another) dance?	¿Bailamos (otra vez)?

band	banda, conjunto
bar	dinero efectivo, moneda contante
casino	casino
to dance	bailar
dance band	orquesta de baile
dance music	música de baile
disc-jockey	el/la pinchadiscos
discotheque	discoteca
folk music	música de baile
to go out	salir
live music	música en directo
night-club	el club nocturno
pub	taberna
show	espectáculo

¡Hasta la vista!

A typical expression – but only foreigners say it! A Spaniard would say "¡Hasta luego!" ("See you soon/later!")

THEATRE/ CONCERT/CINEMA | TEATRO/CONCIERTO/CINE

Have you got a diary of events for this week?	¿Tienen ustedes un programa de espectáculos para esta semana?
What's on (at the theatre) tonight?	¿Qué hay esta tarde (en el teatro)?
Can you recommend a good play?	¿Puede usted recomendarme una buena obra de teatro?
When does the performance start?	¿A qué hora comienza la representación?
Where can I get tickets?	¿Dónde se pueden adquirir los billetes (Am boletos)?
Two tickets for this evening, please.	Dos entradas (Am boletos) para esta tarde, por favor.
Two seats for ..., please.	Dos entradas para ..., por favor.
Can I have a programme?	¿Me puede dar un programa?
Where's the cloakroom?	¿Dónde está el guardarropa?

advance booking	venta anticipada
ballet	el ballet
box office	caja
cabaret	el cabaré, el cabaret
calendar of events	calendario de actos
cinema	el cine
circus	circo
cloakroom	el guardarropa
composer	el compositor/compositora
concert	concierto
conductor	el director (de orquesta)
festival	el festival
film	película, el film(e)
interval	entreacto, descanso
movie	película, el film(e)
music hall	teatro de variedades
musical	comedia musical, el musical
opera	ópera
performance	espectáculo, la sesión
play	espectáculo; teatro
premiere	estreno
programme	el programa
theatre	teatro
ticket	entrada, el billete
variety theatre	teatro de variedades

On the beach

AT THE SWIMMING POOL/ ON THE BEACH	EN LA PISCINA/EN LA PLAYA
Is there ... here?	¿Hay aquí ...
an open-air pool here?	una piscina al aire libre?
an indoor pool	una piscina cubierta?
a thermal pool?	una piscina termal?

Swimmers only!	¡Sólo para nadadores!
No diving!	¡Prohibido saltar al agua/zambullirse!
No swimming!	¡Prohibido bañarse!

Are there sea-urchins/ jellyfish here?	¿Hay aquí erizos de mar/medusas?
Is there a strong current?	¿Es fuerte la corriente?
Is it dangerous for children?	¿Es peligroso para los niños?
When's low/high tide?	¿A qué hora es la marea baja/alta?
I'd like to rent ... a boat. a pair of water-skis.	Quisiera alquilar ... una barca. un par de esquíes náuticos.
How much is it per hour/ per day?	¿Cuánto cuesta por hora/por día?

SPORT	DEPORTES
What sports facilities are there here?	¿Qué posibilidades hay aquí de hacer deporte?
Is there ... here? a golf-course a tennis court	¿Hay aquí ... un campo de golf? una pista (*Am* cancha) de tenis?
Where can I go fishing?	¿Dónde se puede pescar a caña?

63

I'd like to hire a bike for ... days/for a week.	Quisiera alquilar por ... días/ una semana una bicicleta.
I'd like to go for a hike in the mountains.	Quisiera hacer una excursión por las montañas.
Can you show me an interesting route on the map?	¿Puede usted indicarme en el mapa un itinerario interesante?
Where can I hire ...?	¿Dónde puedo tomar prestado ...?
I'd like to attend a ... course.	Me gustaría hacer un curso de ...
Can I play too?	¿Puedo jugar yo también?

airbed	el colchón neumático
athletics	atlética ligera
badminton	el rehilete, el volante
ball	(small) pelota, (large) el balón
basketball	baloncesto
beginner	el/la principiante
boat hire	el aquiler de barcas
cable railway	el funicular, teleférico
canoe	canoa, piragua
chairlift	el telesilla
championships	campeonato
contest	la competición
course	curso
crazy golf	el minigolf
crew	equipo
cross-country skiing	carrera de fondo
to cycle	montar (Am andar) en bicicleta
cycle racing	carrera ciclista
cycle tour	la excursión en bici(cleta)
deep-sea fishing	pesca marítima, pesca de altura
to dive	bucear
diving equipment	equipo de buceo
diving-board	el trampolín
draw	empatado(s)
fishing licence	licencia de pesca
fishing rod	caña de pescar
fitness training	la preparación física
football (US soccer)	el fútbol
football ground	campo (Am cancha) de fútbol
football match	partido de fútbol
football team	equipo de fútbol
funicular	el funicular, teleférico

game	juego, partido
gliding	volar a vela
goal	portería
goalkeeper	portero
golf	el golf
golf club	raqueta de golf
golf course	campo de golf
gymnastics	gimnasia
handball	balonmano
hiking	excursionismo, pedestrismo
ice-hockey	el hockey sobre hielo
ice-rink	pista de hielo
ice-skates	las botas de patinaje
jogging	el jogging
lifeguard	bañero
to lose	perder
match	la competición, juego, partido
motorboat	(lancha) motora
mountaineering	alpinismo
net	la red
non-swimmers	no nadadores
nudist beach	playa nudista
open-air pool	piscina al aire libre
parachuting	paracaidismo
path	sendero (para excursiones a pie)
pedal boat	barca de pedales
programme	el programa
race	carrera
referee	árbitro
regatta	regata
result	resultado
to ride	montar a caballo
riding	la equitación
rock-climbing	alpinismo
rowing	remar
rowing-boat	barca de remos
rubber dinghy	el bote neumático
sailing	la navegación a vela
sailing-boat	barco de vela
sand	arena
sauna	sauna
shower	ducha
ski	el esquí
to ski	esquiar
ski tow	el telearrastre
sledge	trineo
snorkel	el (tubo) respirador
solarium	solario
sports ground	campo (*Am* cancha) de deportes

sportsman/-woman	el/la deportista
squash	el squash
start	salida, partida
sunshade	sombrilla
surfboard	tabla deslizadora/de surf
surfing	el patinaje sobre las olas, el surfing
swimmers	nadadores
swimming	la natación
swimming baths	piscina (*Am* pileta)
table tennis	el ping-pong, el tenis de mesa
tennis	el tenis
tennis racket	raqueta (de tenis)
ticket	entrada, el billete (*Am* boleto)
ticket office	caja
toboggan	trineo
to go tobogganing	montar en trineo
float	el flotador
umpire	árbitro
victory	victoria
volleyball	el balón-volea
water polo	waterpolo
water wings	los flotadores
win	victoria
to win	ganar

Football fever

Though tennis is a popular game, and the Spanish are justifiably proud of their world champions, football is by far the most popular sport. You'll see people glued to matches shown on TV in bars all over the country. Basketball is also a popular national sport while in the Basque country a game called *pelota* is widely played. It's like squash without a racket. You hit balls against a wall with a kind of wicker basket that straps onto your hand.

Looking after the kids

Are there also children's portions?	¿Tienen ustedes también platos especiales para niños?
Could you please warm up the bottle?	¿Me podría calentar el biberón, por favor?
Do you have a mothers' and babies' room?	¿Tiene algún cuarto para cambiar los pañales?
Where can I breast feed?	¿Dónde podría amamantar al bebé?
Please bring another high chair.	Por favor, traiga otra silla alta para niño.
Is there a children's playground here?	¿Hay aquí un parque infantil?

baby food	el alimento para niños
baby's changing table	la mesa para cambiar los pañales
babysitter	el/la canguro, el/la babysitter
babysitting service	la guardería infantil
bottle warmer	el calientabiberón
child reduction	la reducción para niños
child's safety seat	el asiento de seguridad para niños
children's hospital	la clínica pediátrica
dummy	el chupete
paddling pool	piscina para niños
playground	el parque infantil
playmates	los compañeros, las compañeras
toys	los juguetes
float	el flotador
water wings	los flotadores (para los brazos)

Making friends

What's your name?	¿Cómo te llamas?
I'm... / My name is...	Me llamo ...
Where are you from?	¿De dónde eres?
I'm from...	Soy de ...
Do you want to play with me?	¿Quieres jugar conmigo?

beach
playa

castle
castillo

changing room
cabina

sunshade
sombrilla

ice-cream
helado

lifeguard
bañero

sailing-boat
velero

shovel
pala

towel
toalla

raft
balsa

ball
el balón

water
el agua

TRAVELLING WITH CHILDREN

baker
panadería

car
el coche

street
la calle

police
policía

lights
semáforo

dog
perro

accident
el accidente

bike
bicicleta

fire-brigade
los bomberos

tram
el tranvía

The essentials

DOCTOR	MÉDICO

At the doctor's

En la consulta del médico

Can you recommend a good ...?
- doctor
- dentist
- dermatologist
- ear, nose and throat specialist
- eye specialist
- GP (general practitioner)
- gynaecologist
- neurologist
- pediatrician
- urologist

¿Puede usted indicarme un buen ...
- médico
- dentista?
- dermatólogo
- otorrinolaringólogo
- oculista
- médico (general)
- ginecólogo
- neurólogo
- puericultor, pediatra
- urólogo

Where's his surgery?

¿Dónde está la consulta (*Am* el consultorio)?

What's the trouble?

¿Qué molestias siente?

I've got a temperature.

Tengo fiebre.

I often feel sick.

Me siento mal con frecuencia.

I feel dizzy.

Me mareo.

I fainted.

Me he desmayado.

I've got a bad cold.

Estoy muy resfriado.

I've got ...
- a headache.
- a sore throat.
- a cough.

Tengo ...
- dolor de cabeza.
- dolor de garganta.
- tos.

I've been stung/bitten.

Tengo una picadura/mordedura.

la recepción (reception)	la sala de espera (waiting-room)	el consultorio (consulting-room)

I've got diarrhoea./ I'm constipated.	Tengo colitis/estreñimiento.
I've hurt myself.	Me he hecho una herida.
Where does it hurt?	¿Dónde le duele?
I've got a pain here.	Me duele aquí.
I'm a diabetic.	Soy diabético.
I'm pregnant.	Estoy embarazada.
It's nothing serious.	No es nada grave.
Can you give me something for ...?	¿Podría usted darme algo contra ...?
I usually take ...	Normalmente tomo ...

At the dentist's
En la consulta del dentista

I've got (terrible) toothache.	Tengo (mucho) dolor de muelas.
This tooth (at the top/bottom/front/back) hurts.	Me duele este diente (arriba/abajo/delante/atrás).
I've lost a filling.	Se me ha perdido un empaste (*Am* una tapadura).
I've broken a tooth.	Se me ha roto un diente.
I'll have to fill it.	Tengo que empastárselo.
It'll have to come out.	Tengo que sacárselo.
I'd like an injection.	Póngame una inyección.
I don't want an injection.	No me ponga una inyección.

In hospital
En el hospital

How long will I have to stay here?	¿Cuánto tiempo tendré que quedarme aquí?
When can I get up?	¿Cuándo podré levantarme?

abdomen	el vientre, el abdomen
abscess	absceso
Aids	el sida
allergy	alergia
anaesthetic	anestesia
ankle	tobillo
appendix	el apéndice
arm	brazo
artifical limb	la prótesis
asthma	el asma
back	espalda
backache	(los) dolores de espalda

bandages	(los) vendajes
bladder	vejiga
blood	la sangre
blood pressure	la presión atmosférica
blood-poisoning	la intoxicación de la sangre
bone	hueso
bowel movement	la deposición
brain	cerebro
breast	pecho
broken	roto
bronchitis	la bronquitis
bruise	la contusión, magulladura
burn	quemadura
bypass (operation)	el bypass
cancer	el cáncer
cardiac infarction	infarto cardíaco
cavity	agujero (en el diente)
chest	pecho
chickenpox	varicela
circulatory disorder	(los) trastornos de la circulación
cold	constipado, (Am resfrío)
colic	cólico
collarbone	clavícula
concussion	la conmoción cerebral
constipation	estreñimiento
contagious	contagioso
contusion	la contusión
cough	la tos
cramp	el calambre, espasmo
cut	herida, el corte
diabetes	la diabetes
diarrhoea	diarrea
difficulty in breathing	(las) dificultades de respiración
digestion	la digestión
dizziness	mareo, vértigo
dressing	(los) vendajes
ear	oreja

A fly in your ear?!

Imagine an animal, tormented by insects buzzing about its ears, and you'll understand how the expression *"estar con la mosca en la oreja"* has come to describe someone who is extremely annoyed.

---

eardrum	tímpano
examination	el examen
eye	ojo
face	cara, rostro
fever	la fiebre

filling	el empaste (*Am* la tapadura)
finger	dedo
fit of shivering	escalofríos
flu	la gripe
food-poisoning	la intoxicación
foot	el pie
fracture	fractura
gall-bladder	vesícula
German measles	rubeola
gullet	esófago
hand	la mano
head	cabeza
headache	el dolor de cabeza
heart	el corazón
heart attack	el ataque cardíaco, infarto cardíaco
heart defect	defecto cardíaco
heart trouble	(los) trastornos cardíacos
hernia	hernia (inguinal)
hip	cadera
hospital	el hospital, clínica
ill	enfermo
illness	la enfermedad
indigestion	la indigestión
infection	la infección
inflammation	la inflamación
inflammation of the middle ear	la otitis media
injection	la inyección
to injure	herir
injury	herida
insomnia	insomnio
intestine	intestino
jaundice	ictericia
jaw	mandíbula
joint	la articulación
kidney	el riñón
kidney stone	cálculo renal
knee	rodilla
leg	pierna
lip	el labio
liver	hígado
lumbago	lumbago
lung	el pulmón
measles	el sarampión
medical insurance card	el volante del seguro
menstruation	la menstruación, el período
migraine	jaqueca
miscarriage	aborto (no provocado)
mouth	boca

mumps	las paperas
muscle	músculo
nausea	(las) náuseas
neck	cuello
nephritis	la nefritis
nerve	nervio
nervous	nervioso
nose	la nariz
nurse	enfermera
operation	la operación
pacemaker	el marcapasos
pain	los dolores
paralysis	la parálisis
poisoning	el envenenamiento, la intoxicación
polio	la polio(mielitis)
practice	consulta
pulled ligament/muscle	la distensión
pulse	pulso
pus	el pus
rash	la erupción cutánea
rheumatism	el reúma
rib	costilla
rupture	hernia (inguinal)
salmonellae	(las) salmonelas
scan	reconocimiento con ultrasonido
scar	la cicatriz
scarlet fever	escarlatina
sciatica	ciática
sexual organs	los órganos genitales
shin	tibia, espinilla
shoulder	hombro
sick	enfermo
sinusitis	la sinusitis
skin	la piel
skull	cráneo
sleeplessness	insomnio
smallpox	viruela
sore throat	el dolor de garganta
specialist	el especialista
spine	columna vertebral
sprained	dislocado
sting	picadura; pinchazo
stomach	el vientre, estómago
stomach-ache	el dolor de estómago
stroke	(el ataque de) apoplejía, hemorragia cerebral
sunstroke	la insolación
surgeon	cirujano/cirujana
surgery	consulta

swelling	la hinchazón
swollen	hinchado
temperature	la fiebre
tetanus	tétano
throat	garganta
to bleed	sangrar
to breathe	respirar
to catch a cold	resfriarse
to dress	vendar
to faint	desmayo
to hurt (injure)	herir
to hurt (to be painful)	doler
to prescribe	recetar, prescribir
to take out *(tooth)*	sacar
to vomit	vomitar, devolver
toe	el dedo del pie
tongue	lengua
tonsils	las amígdalas
tooth	el diente
torn ligament	rotura de ligamentos
typhoid	el tifus
ulcer	úlcera
unconscious	desmayado, desvanecido
urine	orina
vaccination	vacuna
venereal disease	la enfermedad venérea
virus	el virus
waiting room	sala de espera
ward	la sección
wind	flato
wound	herida
X-ray	hacer una radiografía

BANK/EXCHANGE — BANCO/CAMBIO

Where's the nearest bank/ exchange bureau?	Por favor, ¿dónde hay por aquí un banco/una oficina de cambio?
I'd like to change ... pounds (dollars) into pesetas (pesos).	Quisiera cambiar ... libras esterlinas (dólares) en pesetas (pesos).
What's the current exchange rate?	¿Cómo está hoy el cambio?
I'd like to change this traveller's-cheque/euro-cheque.	Quisiera cobrar este cheque de viaje/ eurocheque.
What's the maximum I can cash on one cheque?	¿Cuál es el importe máximo posible?

Can I see your cheque card, please?	Su tarjeta de cheques, por favor.
May I see your passport/ identity card, please?	¿Puedo ver su pasaporte/carnet de identidad, por favor?
Sign here, please.	¿Quiere firmar aquí, por favor?
Go to the cashdesk, please.	Vaya a la caja, por favor.

amount	el importe, suma
bank	banco
banknote	el billete (de banco)
bureau de change	oficina de cambio
cashpoint	cajero automático
change	(las) monedas, dinero suelto
to change	cambiar
cheque (*US* check)	el cheque
cheque card	tarjeta de cheques
coin	moneda
counter	la ventanilla (*Am* boletería)
credit card	tarjeta de crédito
currency	moneda
eurocheque	el eurocheque
exchange	cambio
exchange rate	tipo de cambio
form	impreso, formulario
money	dinero
to pay out	pagar
payment	pago
pin number	número secreto, la clave
rate of exchange	(tipo de) cambio
signature	firma
traveller's cheque	el cheque de viaje
window	la ventanilla (*Am* boletería)

LOST-PROPERTY OFFICE	**OFICINA DE OBJETOS PERDIDOS**
Where's the lost-property office, please?	Por favor, ¿dónde está la oficina de objetos perdidos?
I've lost ...	He perdido ...
I left my handbag on the train.	He olvidado mi bolso en el tren.
Please let me know if it's handed in.	Haga el favor de avisarme si lo devuelven.
Here's the address of my hotel/my home address.	Aquí tiene la dirección de mi hotel/de mi casa.

LOCAL TRANSPORT	(TREN) TRÁFICO DE CERCANÍAS

Excuse me, where's the nearest ...	Por favor, ¿dónde está la próxima ...
bus stop?	parada del autobús?
tram stop?	parada del tranvía?
underground (US subway) station?	parada/estación del metro?
Which line goes to ... ?	¿Cuál es la línea que va a ...?
What time does the bus leave?	¿Cuándo sale el autobús?
Where does the bus leave from?	¿De dónde sale el autobús?
Which direction must I take?	¿Qué dirección tengo que tomar?
Where do I have to get out/change?	¿Dónde tengo que bajar/cambiar?
Where can I buy a ticket?	¿Dónde puedo comprar el billete (Am boleto)?
A ticket to ..., please.	Un billete (Am boleto) a ..., por favor.

bus	el autobús
bus station	la estación de autobuses
to buy a ticket	sacar (un billete)
city centre	centro (de la ciudad)
departure	salida
direction	la dirección
driver	el conductor
fare	precio del billete
to get on	subir
to get out	bajar
local train	el tren de cercanías
one-day travelcard	abono diario, el billete válido para un solo día
to press the button	apretar el botón
road	la calle
stop	parada
street	la calle
terminus	la estación final
ticket	el billete (Am boleto)
ticket machine	máquina expendedora de billetes (Am boletos)
ticket-collector	el revisor
timetable	horario
tram	el tranvía
travelcard	(tarjeta de) abono
underground	metro
weekly season ticket	el billete semanal

POLICE	POLICÍA

Where's the nearest police station, please?	Por favor, ¿dónde está la comisaría de policía más cercana?
I'd like to report an accident.	Quiero denunciar un accidente.

My ... has been stolen.
  handbag
  wallet
  camera
  car
  bike
	Me han robado ...
	  el bolso.
	  la cartera.
	  mi cámara fotográfica.
	  mi coche.
	  mi bicicleta.

My car has been broken into.	Me han forzado la puerta del coche.
... has been stolen from my car.	Me han robado del coche ...
I've lost ...	He perdido ...
My son/daughter has been missing.	Ha desaparecido mi hijo/mi hija.
Can you help me, please?	¿Puede usted ayudarme, por favor?
We'll look into the matter.	Nosotros nos ocuparemos de ello.
Your name and address, please.	Por favor, su nombre y dirección.
Get in touch with the British/American consulate.	Por favor, diríjase al consulado Británico/Americano.

to arrest	arrestar
attack	la agresión; el asalto (a un banco)
to beat up	golpear, pegar
to break into/open	forzar, violentar
car keys	las llaves del coche
car radio	la autorradio
cheque card	tarjeta de cheques
cheque	el cheque
to confiscate	confiscar
court	el tribunal
crime	el crimen
documents	los documentos
drugs	las drogas
to harass	molestar, importunar
identity card	el carnet de identidad
judge	juez/jueza
lawyer	abogado/abogada
to lose	perder
money	dinero
mugging	la agresión

papers	los documentos
passport	el pasaporte
pickpocket	ratero, el ladrón
police	policía
policeman/-woman	el/la policía
prison	la cárcel
purse	monedero
rape	la violación
to report	denunciar
theft	robo
thief	el ladrón
wallet	cartera

POST OFFICE / CORREOS

Where's ...	¿Dónde está ...
the nearest post office?	la oficina de correos más cercana?
the nearest postbox?	el buzón más cercano?
How much does a letter/ postcard to ... cost?	¿Cuánto cuesta una carta/ una postal para ...?
England	Inglaterra
the United States	los Estados Unidos
I'd like to send this letter ...	Quisiera enviar esta carta ...
by airmail.	por correo aéreo.
express.	urgente.
How long does a letter to England take?	¿Cuánto tarda en llegar una carta a Inglaterra?

address	la dirección
addressee	destinatario
by airmail	por correo aéreo
charge	tarifa
collection	recogida
counter	la ventanilla (*Am* boletería)
destination	destino
envelope	el sobre
express letter	carta urgente, expreso
fee	tarifa
form	impreso, formulario
letter	carta
main post office	Oficina Central de Correos
parcel	el paquete
post code	código postal

post office	oficina de correos
postage	franqueo
post-box	el buzón
postcard	la postal
poste restante	lista de correos (*Am* cartas detenidas)
receipt	el acuse de recibo
registered letter	carta certificada
sender	el/la remitente
stamp..................	sello (*Am* estampilla)
to post	enviar, expedir
to stamp	franquear
weight	peso
window	la ventanilla (*Am* boletería)
zip code	código postal

TAXI — EL TAXI

Where's the nearest taxi rank?	Perdón, señor/señora/señorita, ¿dónde está la parada de taxis más cercana?
To the station.	A la estación.
To the ... Hotel.	Al hotel ...
To ... Street.	A la calle ...
To ..., please.	A ..., por favor.
How much will it cost to ...?	¿Cuánto cuesta hasta ...?
Could you stop here, please?	Pare aquí, por favor.
That's for you.	Para usted.

fare	tarifa
taxi-driver	el/la taxista
taxi rank	parada de taxis
tip	propina

TELEPHONING — TELÉFONOS

Could I use your telephone, please?	¿Podría utilizar su teléfono, por favor?
Where's the nearest phone box?	¿Dónde está la cabina telefónica más próxima?
Can I have a phonecard, please?	¿Me puede dar una tarjeta telefónica?
Have you got a ... telephone directory?	¿Tienen aquí una guía telefónica de ...?
What's the national code for ...?	¿Cuál es el prefijo de ...?

I'd like to make a call to ..., please.	Una llamada a larga distancia con ..., por favor.
I'd like to make a reverse charge call (*US* collect call).	Una llamada a cobro revertido, por favor.
Booth number ...	Pase a la cabina número ...
This is ... speaking.	Soy ...
Hello, who's speaking?	¿Con quién hablo?
Can I speak to Mr/Mrs/ Miss ..., please?	¿Puedo hablar con el señor/la señora/ la señorita ...?
Speaking.	Al aparato.
I'm sorry, he's/she's not here.	Lo siento, no está aquí.
When will he/she be back?	¿Cuándo volverá?
Can he/she call you back?	Puede él/ella volver a llamar?
Yes, my number's ...	Sí, mi número es ...
Would you tell him/her that I called?	¿Podría decirle que he llamado?

to answer the phone	descolgar
area code	prefijo
call	la conversación
to call	llamar por teléfono, telefonear
charge	tarifa
to dial	marcar (el número)
to dial direct	llamar directamente
directory enquiries	la información
engaged	ocupado, comunicando
exchange	centralita de teléfonos, la central
international call	llamada internacional
line	la comunicación
local call	llamada urbana
long-distance call	llamada interurbana/de larga distancia
national code	prefijo
payphone	cabina telefónica
to phone	llamar por teléfono, telefonear
phone box	cabina telefónica
phone call	llamada telefónica
phone number	número de teléfono
phonecard	tarjeta telefónica
receiver	el receptor
reverse charge call	llamada a cobro revertido
telephone	teléfono
telephone directory	guía telefónica
unit	paso (de contador)

CUSTOMS/ PASSPORT CONTROL	ADUANA/CONTROL DE PASAPORTES

Your passport, please.   **Su pasaporte, por favor.**

Your passport has expired.	Su pasaporte está caducado.
Have you got a visa?	¿Tiene usted un visado (*Am* una visa)?
Can I get a visa here?	¿Puedo conseguir un visado (*Am* una visa) aquí mismo?

Have you got anything to declare?   **¿Tiene usted algo que declarar?**

Pull over to the right/the left, please.	Aparque aquí a la derecha/a la izquierda, por favor.
Open ..., please.	¿Quiere abrir ..., por favor?
the boot/trunk	el portaequipajes (*Am* baúl)
this case	esta maleta (*Am* valija)
Do I have to pay duty on this?	¿Hay que pagar derechos de aduana por esto?

border	frontera
Christian name	el nombre (de pila)
customs	aduana
customs officer	funcionario de aduana
date of birth	fecha de nacimiento
driving licence	permiso/el carnet de conducir
duty-free	exento de derechos de aduana
endorsement	el visado (*Am* la visa)
to enter the country	entrar (en el país)
export	la exportación
first name	el nombre (de pila)
identity card	el carnet/documento de identidad (*Am* cédula personal)
import	la importación
international car index mark	placa de nacionalidad
to leave the country	salir (de un país)
liable to duty	sujeto a derechos de aduana
maiden name	el nombre de soltera
marital status	estado civil
married	casado
nationality	la nacionalidad
number plate	(placa de) matrícula
passport control	el control de pasaporte
passport	el pasaporte
place of birth	el lugar de nacimiento
place of residence	domicilio
rabies	rabia
single	soltero/soltera
surname	el apellido
valid	válido
visa	visado (*Am* visa)
widow/widower	viuda/viudo

Warning!

The following are some of the expression you should be aware of, so that you have some idea of what the person you're talking to might be thinking of you. Be warned: the publishers are not responsible for the consequences of any improper use on your part!

¡No se ponga fresco conmigo!	Don't get cheeky with me!/ Don't try it on with me!
¡Ya estoy harto/-a!	I've had enough!
¡Vete a freír espárragos!	Go to hell!/Piss off! *(lit.: Go fry asparagus!)*
¡Lárgate!	Scram!/Beat it!
¿Qué demonios es eso?	What the hell is that supposed to mean?
¡Gilipollas!	Stupid idiot!
¡Estúpido!, ¡Imbécil!, ¡Idiota!	Moron!
¡Bruja!	Idiot! / Old bag! / Silly old witch!
¡Cabrón!, ¡Hijo de puta!, ¡Pajero!	Asshole! *(US)*/ Wanker! *(UK)*
¡Joder!, ¡Hostia!	Fuck!/Shit!/Damn it!
¡Estoy jodido/-a!	I'm fucked!/I've had it!

I couldn't give a cucumber!

¡eso me importa un pepino/rábano! (literally: *it's about as important as a cucumber/radish to me!*) means *"it's all the same to me!"*

"To have" and "to be"

	ser	estar	to be	haber	tener	to have
yo	soy	estoy	I am	he	tengo	I have
tú	eres	estás	you are	has	tienes	you have
él			he is			he has
ella	es	está	she is	ha	tiene	she has
usted			you are			you have
nosotros, -as	somos	estamos	we are	hemos	tenemos	we have
vosotros, -as	sois	estáis	you are	habéis	tenéis	you have
ellos			they are			they have
ellas	son	están		han	tienen	
ustedes			you are			you have
	sido	estado	have been	(habido)	tenido	have had

- *Ser* is used to express real, lasting, characteristic qualities.
  It is used for time and to describe people and things. e.g.
  La puerta **es de madera**.   The door is made of wood.
  Vámonos, ya **es la una**.   Let's go, it's already one o'clock.

- *Estar* means to "be" , "lie" or "stand" somewhere. It is used to
  say where people and things are or to describe anything which is
  changeable or temporary e.g.
  Fernando **está en Berlin.**   Fernando is in Berlin.
  La sopa **está** muy **salada**.   The soup is very salty.

- *Haber* is only used to form tenses.
  Hemos comido bien.   We've eaten well.

- *Tener* (possess): ¿**Tienes** dinero?   Do you have any money?

- Because the verb endings already indicate the subject, personal
  pronouns are only used when you want to emphasise who the
  subject is.

- The polite form in Spanish is:
  the 3rd person singular, when addressing one person and
  the 3rd person plural, when addressing more than one person:
  ¿Qué tal **está** usted, señor Pérez?   How are you Mr Pérez?
  ¿**Tienen** ustedes todavía tiempo?   Have you still got time?

The 1333 most important words

The numbers following the Spanish translations refer to the relevant sections. For tips on pronunciation see page 4.

A

able, to be ~ to poder; saber; ser capaz de
about aproximadamente, unos/unas, aproximado, hacia
accident el accidente → p. 19
accommodation alojamiento → p. 55
accompany acompañar
activity la actividad
additional suplementario, adicional
address la dirección, las señas → p. 79
addressee destinatario → p. 79
admission ticket entrada, el billete → p. 62, 66
adult adulta, adulto
advance booking venta anticipada → p. 62
to advise aconsejar
afraid, to be ~ (of) temer
after después de
afterwards después, luego
again otra vez, de nuevo
against contra
against, to be ~ it estar en contra de
age la edad → p. 8
to agree on convenir, acordar
aid ayuda; **first ~** los primeros auxilios
air el aire → p. 16
alarmed, to be ~ estar asustado
alcohol level por mil
all todos
to allow permitir; **to be allowed** poder
alone solo
along a lo largo de
already ya
also también
to alter cambiar, variar
always siempre
ambulance ambulancia
America America
American Americano
among entre
amount el importe, suma → p. 75
and y
Andalucia Andalucía
Andalusian andaluz
angry enfadado, furioso, rabioso
animal el animal
annoying pesado, molesto

to answer responder, contestar
any algunos, unos
to apologize excusar, disculpar → p. 9
appetite apetito
appointment cita, fecha
area la región, zona
area code prefijo → p. 80
Argentina Argentina
Argentine argentino
around alrededor de, en torno a
arrival llegada → p. 25
to arrive llegar → p. 27
as como, ya que, porque
to ask pedir, exigir, preguntar
to ask s. o. for s. th. pedir algo a alg
to assault asaltar, atracar
Asturias Asturias
at a
at home en casa
at least por lo menos, al menos
at once inmediatamente, enseguida, *(Am)* ahorita
at that time entonces
Atlantic Atlántico
to attack asaltar, atracar
attention la atención, cuidado
aunt tía
authorities la autoridad pública
available obtenible, en venta
average medio, mediano; **on ~** por término medio
awake despierto
away fuera, ausente
awful horrible

B

baby el bebé → p. 67
bachelor soltero
back (hacia) atrás; *(body)* espalda
bad malo, mal
badly mal
baggage el equipaje → p. 25
Balearic Islands las (Islas) Baleares
band banda, orquesta → p. 61
bank banco → p. 75; *(river, street)* orilla
bar el bar → p. 61
barber peluquería (de caballeros)

Basque vasco/vasca; *(language)* vasco, vascuence
Basque Provinces las Vascongadas
bay bahía, golfo
to be ser; estar
beach playa → p. 63
beautiful hermoso, bello, lindo
because como, ya que, porque
because of por, a causa de
to become hacerse, llegar a ser
bed cama → p. 56
bee abeja
before antes (de)
to begin comenzar
beginning principio, comienzo
behind detrás de
to believe creer
bell el timbre → p. 21
to belong to pertenecer a, ser de
below bajo, debajo de
bend curva → p. 21
beside junto a, al lado de
besides además, aparte de eso
bicycle bicicleta → p. 17
big grande
bill cuenta, factura → p. 33
birth nacimiento
birthday el cumpleaños → p. 11
bit, a ~ un poco
to bite morder
black negro
blanket manta
blood la sangre → p. 72
blue azul
boat barca, el bote, lancha → p. 64
body cuerpo → p. 71
to boil hervir
book libro
booking reserva → p. 25, 28
border frontera, el límite → p. 82
boring aburrido
born nacido
born in natural de
to borrow prestar → p. 60, 64
boss el jefe
both ambos, los dos
to bother molestar, estorbar
bottle botella
box office caja, *(theatre)* taquilla → p. 62
boy muchacho, chico
brake freno → p. 18
brand marca
to break romper
to break into/open forzar, violentar → p. 78
breakdown avería → p. 18, 21
breakfast desayuno → p. 35, 56
bright claro
to bring traer, llevar
brink orilla, el borde
broad ancho
broken estropeado, roto
brother hermano
brother-in-law cuñado
building edificio → p. 29
bunch of flowers ramo
to burn arder
but pero
to buy comprar → p. 43
by (means of) por, mediante
'bye adiós, hasta luego

C

cab el taxi → p. 80
cabin cabina, el camarote → p. 28
café el café
to calculate calcular
calendar of events calendario de actos → p. 62
to call nombrar, llamar; *(phone)* llamar por teléfono, telefonear
called, to be ~ llamarse
calm *(noun)* la paz, la tranquilidad
calm quieto, tranquilo
to calm down calmarse
camping cámping → p. 59
canal el canal
Canary Islands las Islas Canarias
to cancel *(room)* cancelar; *(ticket)* anular → p. 24
Cantabria Cantabria
car el coche, el automóvil → p. 17
car documents la documentación de coche
to carry llevar
castanets las castañuelas
Castile Castilla
Castilian castellano
castle palacio, castillo → p. 29
cat gato
Catalan el catalán / la catalana; *(of Catalonia)* (el) catalán
Catalonia Cataluña
cause causa, la razón
caution la precaución
ceiling techo
celebration fiesta, la festividad
centre centro
certain cierto, seguro
certainly seguro, ciertamente, sin falta, absolutamente
to certify certificar
chair silla
change (las) monedas, dinero suelto → p. 76
to change cambiar → p. 75, → p. 76; variar
to change the booking cambiar el vuelo → p. 24
channel el canal
chapel capilla → p. 29
characteristic característico
charge tarifa → p. 79, 81
cheap barato
to cheat engañar
check el cheque → p. 75, 78
to check controlar, comprobar
cheeky sinvergüenza, descarado
cheerful alegre, de buen humor
cheerio adiós, hasta luego
chemist *(toileteries)* droguería → p. 46; *(prescriptions)* farmacia → p. 44
cheque el cheque → p. 75, 78
child niño → p. 67
Chilean chileno
to choose escoger, elegir
Christian name el nombre (de pila) → p. 82
church iglesia → p. 29
cigarette cigarrillo → p. 54
cinema el cine → p. 62
city centre centro (de la ciudad) → p. 29
to clean limpiar → p. 57
clean limpio

ENGLISH-SPANISH DICTIONARY

clergyman el sacerdote, el cura; *(lutheran)* el pastor
clever inteligente, listo
climate el clima → p. 16
to climb subir
clock el reloj de pared
close cercano
to close cerrar
closed cerrado
clothing ropa, los vestidos → p. 51
coal el carbón
coast costa → p. 28
coffee el café → p. 35
coin moneda → p. 76
cold frío → p. 16, 33; **to be ~** tener/pasar frío; **to have a ~** estar constipado → p. 70
to collect coleccionar, recoger
colour el color
Columbia Colombia
Columbian colombiano
to come venir
to come back volver
to come from proceder, venir (de)
to come in entrar; **come in!** ¡adelante!, ¡pase!
common común
company empresa
compass brújula
compensation la indemnización
to complain reclamar → p. 32, 56
complaint la reclamación → p. 32, 56
complete completo, entero
concert concierto → p. 62
condolence(s) el pésame
condom preservativo, el condón
to confirm confirmar
to confiscate confiscar → p. 78
to congratulate felicitar
congratulations la felicitación, enhorabuena → p. 11
connection el empalme → p. 25
constitution la constitución
consulate consulado
contact contacto
contents contenido
to continue continuar
contraceptive anticonceptivo
contract contrato
contrary lo contrario
conversation la conversación
to cook hacer la comida
cool fresco
corner *(outside)* esquina; *(inside)* el rincón
corridor pasillo
corrupt corrompido
to cost costar, valer
Costa Rican costarricense
cottage cabaña, *(Am)* bohío
counter la ventanilla *(Am* boletería) → p. 24, 76, 80
country el país
countryside el paisaje → p. 30
course curso; *(meal)* plato → p. 35
cousin primo/prima
credit card tarjeta de crédito → p. 43, 76
to criticize criticar
to cross atravesar
to cry llorar
Cuba Cuba
Cuban cubano
culture cultura → p. 29

curious curioso
currency moneda → p. 76
current *(electric)* la corriente
cushion el cojín
customs aduana → p. 82
to cut cortar
cutlery los cubiertos → p. 33
to cycle montar *(Am* andar) en bicicleta → p. 64

D

to damage dañar, hacer daño; estropear, deteriorar
damages la indemnización
damp húmedo
to dance bailar → p. 61
dangerous peligroso
dark oscuro
date fecha → p. 14; *(with s. o.)* cita → p. 10
date of birth fecha de nacimiento → p. 82
daughter hija
day el día; **~ of arrival** el día de llegada → p. 58; **the other day** hace poco, el otro día
dead muerto
deadline plazo
dear caro
death la muerte
debt deuda
to decide decidir; resolver, decidirse
decision la decisión, la resolución
to declare declarar
to decline rechazar, rehusar
deep profundo, hondo
definite definitivo
definitely definitivamente
degree grado
to demand pedir, exigir
dentist el dentista → p. 70
departure salida, partida → p. 26, 77, 57
deposit prenda
to deserve merecer
destination destino
to destroy destruir
to develop desarrollar; *(photo)* revelar
to dial marcar → p. 81
difference diferencia
different distinto, diferente
differently de otra manera/forma
difficult difícil
direction la dirección
director el director
directory lista, catálogo
dirt la suciedad
dirty sucio
disappointed desilusionado
discotheque discoteca → p. 61
discount rebaja, descuento
to discover descubrir
dish plato, comida → p. 31
distance trayecto, trecho
distant distante, alejado
district la región, zona
to distrust desconfiar
to disturb molestar, estorbar
disturbance molestia, estorbo
diversion la desviación → p. 22
dizzy mareado

to do hacer
doctor el doctor, médico → p. 70
documents documentos → p. 79
dog perro
door puerta
double doble
to doubt s. th. dudar de algo
down hacia abajo
to dream soñar
to dress vestirse; *(med)* vendar → p. 75
drink bebida → p. 41, 50
to drink beber, tomar → p. 31
drinking-water (el) agua potable → p. 60
to drive conducir, *(Am)* manejar
driving-licence permiso/el carnet de conducir → p. 82
drunk borracho, *(Am)* apimpado; *(a bit)* alegre, bebido, *(Am)* alegrón; **to get ~** emborracharse
duration la duración
during durante, **~ the morning** por la mañana → p. 14
duty la obligación, el deber

E

early temprano
to earn ganar
earth tierra
east el este
easy fácil
to eat comida
Ecuadorian ecuatoriano
edge orilla, el borde
edible comestible
education la educación
effort esfuerzo
egg huevo → p. 39
either ... or o ... o
electrical goods artículos eléctricos → p. 47
elevator el ascensor
embassy embajada
to embrace abrazar
emergency brake freno de alarma → p. 27
emergency exit salida de emergencia → p. 25
emergency telephone el poste de socorro → p. 22
empty vacío
to end terminar, acabar
engaged, to get ~ to prometerse con
engine el motor → p. 18
England Inglaterra
English inglés
Englishman/-woman el inglés/la inglesa
to enjoy gozar de, disfrutar de
enough bastante, suficiente
to enter entrar en → p. 82
entertainment divertimiento, la diversión → p. 61
entire completo, entero
entrance entrada
environment el (medio) ambiente
Europe Europa
European europeo/europea
even hasta
evening la tarde
event suceso, acontecimiento, la manifestación
every cada, todos

every time cada vez, siempre
everything todo
everywhere por/en todas partes
evil malo
exact(ly) exacto, preciso
examination el examen → p. 72
to examine examinar, controlar
example ejemplo
except excepto
exchange cambio → p. 75
exchange rate cambio → p. 76
to exchange cambiar
excursion la excursión → p. 30
excuse excusa, el perdón → p. 9
to excuse disculpar
exhausted agotado
exhibition feria
exit salida
expenses los gastos
expensive caro
experienced experto
to explain explicar, aclarar
to extend alargar; *(a visit)* prolongar
to extinguish apagar

F

factory fábrica
fair feria
faith la fe
faithful fiel
to fall caer
family familia
far lejano
farewell despedida → p. 11
fashion moda → p. 51
fast rápido
fat graso, gordo
father el padre
faulty averiado → p. 18, 22, defecto
fear miedo
to fear temer
fee los honorarios, tarifa → p. 79, 81
feeble débil
to feel sentir
feeling sentimiento
female femenino
few poco
fiancé/fiancée el prometido/la prometida
field campo
to fill in *(form)* rellenar
film película, el film(e) → p. 62
finally finalmente, por fin
to find encontrar
fine multa
to finish terminar
fire incendio, fuego
fire alarm el avisador de incendios
fire brigade los bomberos
fire extinguisher el extintor
firm empresa
first of all primero, en primer lugar
fish el pez; *(as a dish)* el pescado → p. 36
flash el flash → p. 47
flat *(rooms)* vivienda, piso, *(Am)* departamento
flat *(adj)* llano
flight vuelo → p. 24
to flirt coquetear → p. 10

ENGLISH-SPANISH DICTIONARY

floor piso
to flow correr
flower la flor
fly mosca
to fly volar, *(to go by plane)* ir en avión
to follow seguir
food los comestibles → p. 31, 49
for desde hace; para, por; porque, pues; **to be ~ it** estar en favor de
to forbid prohibir
forbidden! ¡prohibido!
foreign extranjero
foreigner extranjero
to forget olvidar
to forgive perdonar, excusar
fork el tenedor
forest el bosque → p. 30
form impreso, formulario → p. 76, 79
fragile frágil
free libre; free *(of charge)* gratuito, gratis
to freeze tener/pasar frío
French francés
frequently frecuentemente, a menudo
fresh fresco
friend amigo/amiga
friendly amable
to frighten asustar
from de, desde
fruit fruta → p. 39
full completo; harto, satisfecho; lleno
full board la pensión completa → p. 56, 57
fun la diversión
funny divertido, gracioso
furious rabioso, furioso
furniture el mueble
fuse el fusible → p. 22

G

to gain ganar
Galicia Galicia
Galician gallego/gallega; *(language)* gallego
garage el garaje
garbage basura → p. 59
garden el jardín
gas gasolina, *(Arg)* nafta → p. 17
gas station gasolinera, la estación de servicio → p. 17
gear marcha
gentleman el señor
genuine verdadero, auténtico
to get procurar, proporcionar; recibir; *(through effort)* conseguir, obtener
to get out bajar → p. 27, 77
to get to know s. o. conocer → p. 8
to get up levantarse
giddy mareado
gift regalo
girl muchacha, chica
to give dar; ~ **as a present** regalar
glad (of) contento (de), satisfecho (de)
gladly con gusto, de buena gana
glass *(material)* el cristal, vidrio; *(of milk etc.)* vaso, copa → p. 33
glasses las gafas, *(Am)* los lentes → p. 53
gnat mosquito
God Dios
to go ir
to go away irse, marcharse

to go for a walk pasear
to go shopping ir de compras → p. 43
good bueno, buen
government gobierno
granddaughter nieta
grandfather abuelo
grandmother abuela
grandson nieto
grass el césped, *(Arg)* pasto
grave tumba
great importante, considerable
green verde
to greet saludar → p. 8
grey gris
grief pena
ground suelo
ground-floor piso bajo, *(Am)* los bajos
group grupo
guarantee garantía
Guatemalan guatemalteco
guest el huésped
guest house la pensión → p. 55
guide *(person)* el guía (turístico) → p. 30; *(book)* la guía (turística) → p. 54
guided tour visita guiada → p. 29
guilt culpa
guitar guitarra

H

hairdresser *(for women/men)* peluquería (de señoras/de caballeros) → p. 48
hair pelo → p. 46, 48
half medio
hall sala; *(in a hotel)* el hall
halt! ¡alto!
handwriting escritura
to happen pasar, suceder, ocurrir
happy feliz, dichoso
to harass molestar, fastidiar → p. 78
hard duro
hardly apenas
to harm dañar, hacer daño
harmful nocivo, dañino
to have *(own)* tener; *(modal verb)* haber
to have a look comprobar
to have an accident sufrir un accidente
to have to tener que, deber
he él
head el jefe
health la salud
healthy sano
to hear oír
heating la calefacción → p. 22, 56
heavy pesado
height altura
hello! ¡hola!
help ayuda
to help s. o. ayudar a alg
her su
here aquí
high alto
to hike hacer excursiones a pie → p. 65
hill colina
to hire alquilar
his su
history historia
hobby la afición, el hobby
hole agujero; *(puncture)* pinchazo

holiday el día de fiesta → p. 15
holidays las vacaciones, permiso
holy santo, sagrado
home patria
home-made casero
Honduran hondureño
to hope esperar
hospital el hospital, clínica → p. 73
host/hostess el anfitrión/la anfitriona
hot muy caliente → p. 16, 34
hotel el hotel, fonda, posada → p. 55
hour hora
hours of business horas de apertura
house casa
household goods los artículos domésticos
→ p. 49
how cómo
however pero, sin embargo
to hug abrazar
hunger el hambre
hungry hambriento; **to be ~** tener hambre
to hurt doler → p. 75
husband esposo, marido
hut cabaña, (Am) bohío

I

I yo
idea idea
identity card tarjeta/el carnet/documento de
identidad (Am cédula personal) → p. 78, 82
if si
ill enfermo → p. 70
immediately immediatamente, enseguida,
(Am) ahorita
impolite descortés, mal educado
import la importación → p. 82
important importante
impossible imposible
in en
in front of delante de
in the afternoon por la tarde → p. 14
in time a tiempo, oportunamente
in vain en balde
in writing por escrito
included incluido
to indicate indicar, señalar
indoors dentro
to inform avisar, informar; comunicar
information la información → p. 17, 24, 26
inhabitant el habitante
inn fonda, posada
innocent inocente
insect insecto
inside dentro
instead of en vez de, en lugar de
to insult ofender
insurance seguro
intelligent inteligente, listo
interested, to be ~ (in) interesarse (por)
international internacional
to interrupt interrumpir
interruption la interrupción
introduction la presentación → p. 8
invalid inválido
to invite invitar
Ireland Irlanda
Irishman (el) irlandés
Irishwoman irlandesa

island isla
item objeto
it's a pity es una pena

J

jewellery las joyas → p. 53
job la profesión
joke broma, el chiste
journey el viaje; ~ **home** regreso (a casa)
joy alegría
to judge juzgar
just now hace un momento, ahora mismo

K

to keep cumplir, observar; guardar, conservar
key la llave → p. 56, 57, 78
kind la clase; modo, manera
kind (adj) amable
kindness la amabilidad
kiss beso
to kiss besar
kitchen cocina
knife cuchillo
to know conocer

L

lack falta
lady señora
lake lago
landlord/landlady propietario/a (de la casa)
→ p. 59
land tierra
language el idioma, lengua
large grande
last último/última
to last durar
late tarde
later (adj) posterior, ulterior; (adv) más tarde
to laugh reír(se)
lavatory el retrete, el servicio → p. 56, 58
lazy perezoso, holgazán
to learn aprender; (to find out) enterarse de
to leave irse, marcharse
to leave (for) salir/partir (para)
to lend prestar → p. 60, 64
length la longitud
less menos
lesson la clase
to let dejar; (to rent) alquilar → p. 19, 59
letter carta → p. 79
lie mentira
to lie (to be) estar, encontrarse; estar echado/
acostado; (to fib) mentir
life vida
lifeboat el bote salvavidas → p. 28
lift el ascensor
light la luz
light (adj) ligero, (Am) liviano
lightning relámpago → p. 16
like como, igual que
to like gustar (+ dat)
line línea; (tele) la comunicación → p. 81
list lista
little pequeño; poco; (stature) bajo

to live vivir, habitar
local transport tráfico de cercanías → p. 77
lock cerradura
to lock (up) cerrar con llave
lonely solitario, solo
long largo
long-distance call llamada interurbana/de larga distancia → p. 81
to look mirar
to look after tener cuidado (de/con)
to look for buscar
look out! cuidado!
lorry el camión
to lose perder → p. 65, 78
loss pérdida
lost perdido; to get ~ extraviarse
lost-property office oficina de objetos perdidos → p. 76
lot, a ~ of mucho
loud alto
loudspeaker el altavoz, (Am) el altoparlante
to love amar, querer
low bajo
low season temporada baja → p. 57
loyal fiel
luck la felicidad
luggage el equipaje → p. 25
lunch comida → p. 31

M

machine máquina
magazine revista → p. 54
maiden name el nombre de soltera → p. 82
to mail enviar → p. 80
mainland tierra firme → p. 28
to make fabricar; (coffee, tea ...) hacer, preparar
to make good reparar, indemnizar
to make a phone call telefonear → p. 80
male masculino
manager el director
man hombre
map el mapa → p. 54
map of walks el mapa de excursiones → p. 54
market mercado → p. 30, 49
married (to) casado (con) → p. 82
married couple matrimonio, pareja
to marry casarse
mass misa
material tela
matter asunto
maybe quizá(s), tal vez
me me, a mí
meal comida → p. 31, 49
to mean significar
measures las medidas → inside front cover
meat la carne → p. 37
medicine medicina, medicamento → p. 44
to meet encontrar; ~ again volver a ver
menu el menú → p. 31, 35
merry alegre, de buen humor
message noticia, aviso
Mexican mexicano
Mexico México
middle medio, centro
midge mosquito
minus menos
minute minuto

misfortune desgracia
Miss señorita
to miss perder
missing, to be ~ faltar
mistake el error
mistake, by ~ por equivocación
to mistake for confundir
mistaken, to be ~ equivocarse
to misunderstand entender mal, interpretar mal
mixed mezclado
modern moderno
moist húmedo
moment momento, el instante
money dinero → p. 75, 78
month el mes → p. 15
moon luna
more más
mother la madre
motive motivo
motor el motor → p. 18
motorbike la moto(cicleta) → p. 17
mountain montaña
mountains sierra, montaña → p. 30
to move mover; (house) mudarse de casa
movie película, el film(e) → p. 62
Mr (with Christian name) don
Mrs (with Christian name) doña
much mucho
mud barro
to mug asaltar, atracar
museum museo → p. 29
music música
my mío/mía

N

naked desnudo
name el nombre → p. 8, 82
to name nombrar, llamar
nation la nación
nationality la nacionalidad → p. 82
native of natural de
native country patria
nature naturaleza
nausea (las) náuseas → p. 74
near cercano, junto a, cerca de
necessary necesario
to need necesitar
neighbour vecino/-a
nephew sobrino
nervous nervioso → p. 74
never nunca
nevertheless sin embargo, a pesar de eso
new nuevo; (recently) reciente
news las noticias, la novedad
newspaper periódico → p. 44, 54
next próximo; ~ to junto a, al lado de
Nicaraguan nicaragüense
nice bueno, bonito, lindo; (kind) amable
niece sobrina
night la noche → p. 13
night-club el club nocturno → p. 61
no ninguno, ningún
nobody nadie
noise ruido
noon el mediodía
normal normal
north el norte

not no
nothing nada
now ahora → p. 14
nowhere en ninguna parte
nude desnudo
number número → inside front cover
nurse enfermera

O

object objeto; *(~ of discussion)* asunto, el tema
to obtain conseguir, obtener
obtainable obtenible, en venta
occasion la ocasión
occupied ocupado → p. 27
ocean océano
of de
of course naturalmente, *(Am)* ¡cómo no!
to offend ofender
to offer ofrecer
office oficina
often frecuentemente, a menudo
oil el aceite → p. 22, 34
old viejo; *(from old times)* antiguo
on a, en; sobre, por
on time puntualmente
once una vez
one un/uno, una
only sólo, *(Am)* recién, solamente
open abierto
to open abrir
opening hours horas de apertura
opinion la opinión
opportunity la oportunidad
opposite opuesto, contrario; *(in front of)* en frente de
or o
order pedido → p. 32
organs los órganos → p. 71
our nuestro, nuestra
out of order estropeado, roto
outside fuera, afuera
over (por) delante de; sobre
overseas (el) ultramar
to overtake adelantar, pasar
to owe deber
to own poseer
owner propietario

P

to pack *(luggage)* hacer
package paquetito
page página
painful, to be ~ doler → p. 75
painting pintura, cuadro
pair, a ~ of un par de
Panama, from ~ panameño
papers documentos → p. 22
Paraguay, from ~ paraguayo
parcel el paquete → p. 79
parents los padres
park el parque
to park aparcar → p. 18
part la parte
particulars los datos personales
party fiesta

passage paso, pasaje
passenger pasajero → p. 25, 28
passport el pasaporte → p. 79, 82
passport control el control de pasaportes → p. 82
past pasado, (por) delante de
to pay pagar
to pay attention to observar, tener en cuenta
to pay duty on declarar
payment pago → p. 76
peace la paz
people la gente, pueblo
per por
percent por ciento
performance la función, la representación → p. 62; *(event)* espectáculo → p. 62
perhaps quizá(s), tal vez
permission permiso
to permit permitir
person persona
Peruvian peruano
petrol gasolina, *(Arg)* nafta → p. 17
petrol station gasolinera, la estación de servicio → p. 17
phone teléfono
to phone llamar por teléfono, telefonear → p. 80
phone call llamada telefónica → p. 81
photo(graph) la foto(grafía) → p. 47
photographic materials los artículos fotográficos → p. 47
picture pintura, cuadro
piece pieza, trozo
pillow almohada
place el lugar → p. 12; *(seat)* plaza, sitio → p. 30
place of birth el lugar de nacimiento → p. 82
place of residence domicilio, residencia → p. 82
plain llanura
plane avión → p. 24
plant planta
to play jugar
please por favor → p. 7, 9
pleased (with) contento (de), satisfecho (de)
pleasure alegría, el placer, la diversión → p. 61
plus más
poison veneno
poisoning el envenenamiento, la intoxicación → p. 74
police policía → p. 78
polite cortés
politics política
poor pobre
port puerto → p. 28
porter portero → p. 58
position la posición; *(job)* empleo
possible posible
to post enviar → p. 80
post office oficina de correos → p. 79
to postpone retardar
pot olla, cazuela, puchero
prayer la oración
precise(ly) exacto, preciso
to prefer preferir
pregnant embarazada
to prescribe recetar, prescribir → p. 75
present regalo; **to give as a ~** regalar
present, to be ~ estar presente

ENGLISH-SPANISH DICTIONARY

pretty guapo, bonito, lindo
price precio
priest el sacerdote, el cura
prison la cárcel → p. 79
prize premio
probable probable
probably probablemente
problem la cuestión, el problema
profession la profesión
programme el programa, la emisión → p. 65
prohibited! ¡prohibido!
promise promesa
to pronounce pronunciar
proper adecuado
protection la protección
pub taberna → p. 61
public público
Puerto Rican puertorriqueño
to pull tirar
punctual puntual
punishment castigo
purchase compra
purse cartera *(Am* billetera)
to push empujar, dar un golpe a
to put poner, colocar
to put down poner
to put off retardar
to put out apagar

Q

quality la calidad, la cualidad
question pregunta
quickly rápidamente, de prisa
quick rápido, *(Am)* ligero
quiet quieto, tranquilo
quite completamente, del todo

R

radio la radio → p. 58
railway el ferrocarril → p. 26
to rain llover → p. 16
rape la violación → p. 79
rare raro
to reach conseguir, lograr, alcanzar
to read leer
ready *(done)* listo
really sin falta, absolutamente
reason la razón, causa
receipt, to give a ~ dar recibo
to receive recibir
recently hace poco *(Am* recién) → p. 14
reception la recepción → p. 55
to recognize reconocer
to recommend recomendar
to recover *(get back)* recobrar, recuperar; *(get well)* recuperarse
red rojo
reduction rebaja, descuento → p. 26
to refuse rechazar, rehusar
region la región, zona
to register facturar → p. 26
related pariente, emparentado
reluctantly de mala gana
to remain quedarse
remedy, medicine remedio → p. 44
to remember s. th. acordarse de

to remind s. o. of s. th. recordar algo a alg
rent el alquiler → p. 59
to rent alquilar → p. 19, 59
repair arreglo, la reparación → p. 18
to repeat repetir
to replace sustituir
replacement repuesto
to reply responder, contestar
request el favor, ruego → p. 9
reservation reserva → p. 27, 55
resistant resistente
responsible responsable, competente
restaurant el restaurante → p. 31
rest resto, descanso
restless intranquilo, inquieto
result resultado → p. 65
return vuelta
to return volver
return journey regreso (a casa)
rich rico
right *(adv; n)* derecho
right, to be ~ tener razón
to ring *(door)* tocar el timbre; ~ **(up)** *(telephone)* llamar por teléfono, telefonear → p. 80
risk riesgo
river río
road la calle; *(country road)* carretera → p. 24, 77
road map el mapa de carreteras → p. 24, 54
robust resistente
rock roca, peña
roll of film película, el film(e) → p. 47
room sala; la habitación *(Am* pieza) → p. 55
rotten podrido
round redondo
route itinerario
row fila
rubbish basura → p. 59
rule la prescripción
to run correr

S

sad triste
safe seguro, cierto
safely ciertamente
safety la seguridad
sale venta
Salvadorian salvadoreño
same igual; **the** ~ lo mismo
satisfied satisfecho, contento
to save salvar
to say decir
scarcely apenas
scenery el paisaje → p. 30
scorpion el escorpión
Scotland Escocia
Scotsman escocés
Scotswoman escocesa
sea el mar
season temporada, la estación → p. 15
seat asiento
seaweed las algas
second segundo
secret secreto, oculto
secretly en secreto, a escondidas
security fianza, la caución; garantía; *(pledge)* prenda

to see ver; ~ **again** volver a ver
seldom rara vez, raramente
self-service autoservicio shop
to send enviar, mandar
sender el/la remitente → p. 80
sentence la frase
separate separado
serious serio; grave
to serve servir
service *(rel)* culto; misa → p. 30; servicio
to set poner, colocar
to settle arreglar, terminar, regular
sex sexo
shade tono
shades *(sunglasses)* las gafas de sol
she ella
ship barco → p. 28
shoe zapato → p. 52
shop tienda → p. 43
shore orilla
short breve, corto
shot tiro
to shout gritar
to show enseñar, mostrar
shut cerrado
to shut cerrar
shy tímido
sick enfermo → p. 70
side lado
sightseeing tour of the town/city visita de la
    ciudad, la excursión → p. 29
sights los monumentos → p. 29
sign el indicador de camino
signature firma → p. 76
silence silencio, calma
silent tranquilo; **to be ~** silencio
since desde, a partir de; porque
to sing cantar
single soltero → p. 82
sister hermana
sister-in-law cuñada
to sit *(to be sitting)* estar sentado; *(to sit
    down)* sentarse
situation la situación
size talla
sky cielo
to sleep dormir
slender delgado; esbelto
slight leve
slim delgado; esbelto
slow lento
slowly despacio, lentamente
small pequeño; *(stature)* bajo
smell el olor
to smell oler
to smoke fumar
smoker fumador → p. 25
to smuggle pasar de contrabando
snack bocado; meriénda
snack-bar cafetería, el bar; *(on the beach)*
    chiringuito
to snow nevar
so así; entonces
society la sociedad
soft blando; *(sound)* suave
solid duro
some algunos, unos
somebody alguien
something algo
sometimes a veces → p. 14

son hijo
song la canción
soon pronto → p. 14
sort la clase; modo, manera
sound sonido, tono
south el sur
South America Sudamérica
South American sudamericano/-a
Spain España
Spaniard el español/la española
spanish español
to speak hablar
speed la velocidad
to spell deletrear
spoiled estropeado
spoon cuchara
sport el deporte → p. 63
spot el lugar
square plaza, sitio → p. 30
staff el personal
stairs escalera
to stamp franquear → p. 80
to stand estar, estar de pie
star estrella
to start comenzar
state estado
station la estación → p. 26
stationer las artículos de escritorio → p. 54
to stay quedarse; *(overnight)* pernoctar
    → p. 55
to steal robar
steep escarpado
steps escalera
to sting pinchar, picar
stone piedra
stop *(train ...)* parada , estancia, *(Am)* estad-
    ía → p. 27, → p. 77; **stop!** ¡alto!
to stop acabar, terminar; detener(se),
    parar(se)
store tienda → p. 43
story cuento
stove estufa
straight on todo seguido/derecho
strange extraño
street la calle → p. 24, 77
strenuous fatigoso
to study estudiar
stupid tonto, estúpido, bobo, *(Am)* zonzo
style estilo
suburb las afueras
subway paso subterráneo
success éxito
suddenly de repente
sufficient bastante, suficiente
suitcase maleta
sum suma, el importe
summer resort la estación balnearia
summit la cumbre, cima
sun el sol → p. 16
sunglasses gafas de sol
sunny soleado → p. 16
supermarket supermercado → p. 44
supplement suplemento → p. 27
surname el apellido → p. 82
surprised sorprendido
to swear regañar, insultar
to sweat sudar
to swim la natación → p. 63
swimming pool piscina *(Am* pileta) → p. 63

ENGLISH-SPANISH DICTIONARY

T

table mesa
to take tomar → p.24, 26, 77; llevar(se); llevar consigo
to take a photo hacer/sacar fotos, fotografiar → p.47
to take care of tener cuidado (de/con)
to take part (in) tomar parte en
to take place tener lugar
taken ocupado → p.27
take-off el despegue → p.24
to talk hablar
tall alto
taste gusto, el sabor
to taste probar
taxi el taxi → p.80
telephone teléfono → p.80
to tell contar, decir
temperature temperatura → p.16
terrible terrible, horrible
than que
to thank dar las gracias, agradecer
thanks gracias → p.7
theatre teatro → p.62
theft robo → p.79
then *(afterwards)* entonces; *(in a while)* después; *(in this case)* entonces, en ese caso
there ahí; to be ~ estar presente
therefore por eso/esto/ello
they ellos, ellas
thick gordo
thin delgado
thing cosa
to think opinar
thirsty, to be ~ tener sed
thought pensamiento, idea
through por
thunderstorm tormenta → p.16
thus así; entonces
ticket el billete *(Am* boleto) → p.26, 77
ticket office caja, *(theatre)* taquilla → p.66
till caja
time tiempo, hora → p.13; *(occasion)* la vez
timetable horario → p.27, 77
tip propina → p.34, 80
tired cansado
to hasta; a; to me me, a mí; to you te, a ti
tobacco tabaco → p.54
today hoy → p.56
together en común junto(s), junta(s)
toilet el retrete, el servicio → p.56, 58
tomb tumba
tomorrow mañana → p.13
too demasiado; también; ~ much demasiado
topic asunto, el tema
tour visita → p.29
tourist turista
tourist information office oficina de turismo
to tow (away) remolcar → p.24
towards hacia
town la ciudad
town hall ayuntamiento → p.30
town map plano de la ciudad → p.54
toy el juguete
traffic tráfico
train el tren → p.26
to transfer transferir
transit-visa visado de tránsito

to translate traducir
to travel viajar
travel agency agencia de viajes → p.44
traveller's cheque el cheque de viaje → p.76
tree el árbol
trouble esfuerzo
truck el camión
true verdadero
to try intentar, probar
tunnel el túnel
twice dos veces
typical típico

U

ugly feo
umbrella el paraguas → p.52
uncertain incierto
uncle tío
unconscious desmayado, desvanecido, sin conocimiento → p.75
under bajo, debajo de
to understand entender
unfortunately desgraciadamente
unfriendly antipático
unhappy desgraciado
unhealthy malsano
unkind antipático
unknown desconocido
until hasta
unwell indispuesto
up arriba
urgent urgente
Uruguayan uruguayo
us nos, a nosotros
to use usar, emplear

V

vacant libre
vacation las vacaciones
valid válido → p.82
value el valor
Venezuelan venezolano
very muy; ~ much mucho
view vista → p.30; *(opinion)* la opinión
village aldea, pueblo
virgin forest selva virgen
visa visado *(Am* visa) → p.82
visible visible
to visit visitar
voice la voz
to vote elegir

W

wages sueldo, salario, paga
to wait esperar
waiter camarero *(Am* mozo) → p.32
waiting room la sala de espera → p.27, 75
waitress camarera → p.34
to wake despertar
to walk ir a pie, andar
wallet cartera → p.78
to want desear, querer; *(need)* necesitar
war guerra
warm caliente → p.16

to warn (of/about) prevenir (contra)
to wash lavar
watch el reloj (de pulsera)
to watch estar mirando
water (el) agua → p. 34, 58, 60
way camino, *(street)* carretera, la calle
way out salida
we nosotros
weak débil
to wear llevar (puesto)
weather tiempo → p. 16
wedding *(festivities)* boda
week semana → p. 14
to weigh pesar
weight peso
welcome bienvenido
well bien
west el oeste
wet mojado, húmedo; *(soaked)* empapado → p. 16
what qué
when cuando
whether si
while mientras (que)
white blanco
whole todo
wide ancho
wife esposa, la mujer
to win ganar → p. 66

to wish (for) desear, querer
with con
within dentro de, en → p. 14
without sin
witness testigo
woman señora
wood madera; *(firewood)* leña; *(forest)* el bosque → p. 30
word palabra
to work trabajar; *(machine)* funcionar
to work out calcular
world mundo
worried, to be ~ about preocuparse por/de
to write escribir
writing escritura
wrong falso, incorrecto
wrong, to be ~ equivocarse

Y

year año
yellow amarillo
yet pero, sin embargo
you tú; te, a ti; os
young joven
your tu; vuestro
youth hostel el albergue juvenil → p. 60